plurall

Parabéns!
Agora você faz parte do **Plurall**, a plataforma digital do seu livro didático!
Acesse e conheça todos os recursos e funcionalidades disponíveis para as suas aulas digitais.

Baixe o aplicativo do **Plurall** para Android e IOS ou acesse **www.plurall.net** e cadastre-se utilizando o seu código de acesso exclusivo:

AAACE37YX

Este é o seu código de acesso Plurall. Cadastre-se e ative-o para ter acesso aos conteúdos relacionados a esta obra.

@plurallnet

@plurallnetoficial

SOMOS EDUCAÇÃO

Projeto Ápis

ANA MARIA TRINCONI BORGATTO

Licenciada em Letras pela Universidade de São Paulo (USP).
Mestra em Letras pela USP.
Pós-graduada em Estudos Comparados de Literaturas de Língua Portuguesa pela USP.
Pedagoga graduada pela USP.
Professora universitária.
Professora de Língua Portuguesa dos Ensinos Fundamental e Médio.

TEREZINHA COSTA HASHIMOTO BERTIN

Licenciada em Letras pela USP.
Mestra em Ciências da Comunicação pela USP.
Pós-graduada em Comunicação e Semiótica pela Pontifícia Universidade Católica de São Paulo (PUC-SP).
Professora universitária.
Professora de Língua Portuguesa dos Ensinos Fundamental e Médio.

VERA LÚCIA DE CARVALHO MARCHEZI

Licenciada em Letras pela Universidade Estadual Paulista "Júlio de Mesquita Filho" (Unesp-SP, *campus* Araraquara).
Mestra em Letras pela USP.
Pós-graduada em Estudos Comparados de Literaturas de Língua Portuguesa pela USP.
Professora universitária.
Professora de Língua Portuguesa dos Ensinos Fundamental e Médio.

LÍNGUA PORTUGUESA

3º ANO

Ensino Fundamental

editora ática

editora ática

Presidência: Mario Ghio Júnior
Direção de soluções educacionais: Camila Montero Vaz Cardoso
Direção editorial: Lidiane Vivaldini Olo
Gerência editorial: Viviane Carpegiani
Gestão de área: Tatiany Renó
Edição: Luciana Nicoletti (coord.), Carlos Eduardo de Oliveira, Patrícia Rocco S. Renda, Simone de Souza Poiani e Solange de Oliveira
Planejamento e controle de produção: Flávio Matuguma, Juliana Batista, Felipe Nogueira e Juliana Gonçalves
Revisão: Kátia Scaff Marques (coord.), Brenda T. M. Morais, Claudia Virgilio, Daniela Lima, Malvina Tomáz e Ricardo Miyake
Arte: André Vitale (ger.), Catherine Saori Ishihara (coord.), Lívia Vitta Ribeiro (edição de arte)
Iconografia e tratamento de imagem: André Gomes Vitale (ger.), Claudia Bertolazzi e Denise Kremer (coord.), Tempo Composto (pesquisa iconográfica) e Fernanda Crevin (tratamento de imagens)
Licenciamento de conteúdos de terceiros: Roberta Bento (gerente), Jenis Oh (coord.), Liliane Rodrigues, Flávia Zambon e Raísa Maris Reina (analistas de licenciamento)
Ilustrações: Adilson Farias; Andréia Vieira; Camila de Godoy; Giz de Cera; LB Ilustrações; Silvana Rando; Vanessa Alexandre; Vicente Mendonça e Weberson Santiago
Cartografia: Eric Fuzii (coord.) e Robson Rosendo da Rocha
Design: Talita Guedes da Silva (proj. gráfico e capa)
Ilustração de capa: Barlavento Estúdio
Logotipo: Saulo Dorico

Avenida Paulista, 901, 6º andar – Bela Vista
São Paulo – SP – CEP 01310-200
http://www.somoseducacao.com.br

Dados Internacionais de Catalogação na Publicação (CIP)

```
Borgatto, Ana Maria Trinconi
   Projeto Ápis : Língua portuguesa : 1° ao 5° ano / Ana
Maria Trinconi Borgatto, Terezinha Costa Hashimoto
Bertin, Vera Lúcia de Carvalho Marchezi. -- 4. ed. --
São Paulo : Ática, 2020.
   (Projeto Ápis ; vol. 1 ao 5)

Bibliografia

1. Língua portuguesa (Ensino fundamental) Anos iniciais
I. Título II. Bertin, Terezinha Costa Hashimoto III.
Marchezi, Vera Lúcia de Carvalho IV. Série

20-1346                                      CDD 372.6
```

Angélica Ilacqua - Bibliotecária - CRB-8/7057

2022
Código da obra CL 750396
CAE 721223 (AL) / 721225 (PR)
ISBN 9788508195329 (AL)
ISBN 9788508195336 (PR)
4ª edição
5ª impressão
De acordo com a BNCC.

Impressão e acabamento: Bercrom Gráfica e Editora

Uma publicação SOMOS EDUCAÇÃO

Apresentação

Caro aluno,

Nós, autoras desta coleção, esperamos que os momentos de aprendizagem da leitura e da escrita propostos neste livro contribuam para marcar de maneira prazerosa sua trajetória na escola.

Temos um encontro em cada um dos desafios e em cada uma das conquistas que, com certeza, farão parte de seu percurso este ano.

Vamos começar?

As autoras

LB Ilustrações/
Arquivo da editora

Conheça seu livro

Um livro é como uma casa: apresenta diferentes partes que formam o todo. Este seu livro também é assim.

A seguir, você vai conhecer algumas dessas partes. E o melhor: todas elas são bem definidas, para você se localizar e não se perder. Vamos começar?

Abertura de unidade

O livro é dividido em unidades. Na abertura de cada uma delas você encontra pistas do que vai estudar na unidade.

Introdução

É um convite para as descobertas que você fará ao longo do livro.

Para iniciar

Nesta seção você encontra desafios e brincadeiras para iniciar seus estudos.

Leitura

Os textos desta seção são o ponto de partida para o que você vai descobrir na unidade.

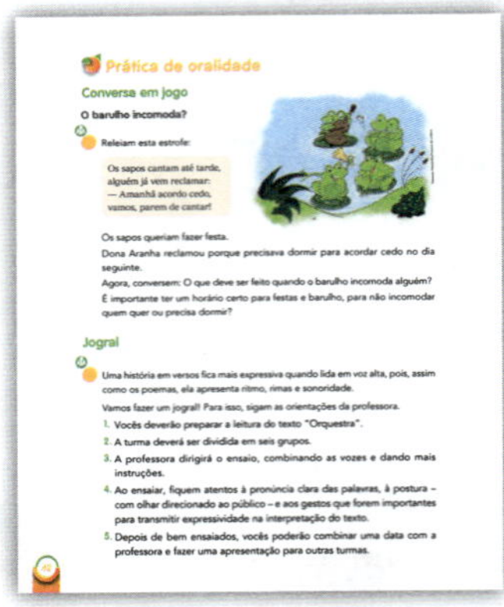

Prática de oralidade

Nesta seção você vai conversar, trocar ideias, dar opinião, declamar e também vai ouvir com atenção. Tudo de modo organizado.

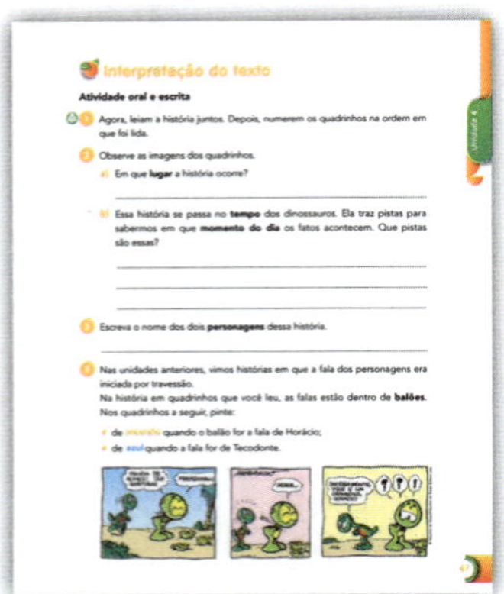

Interpretação do texto

As atividades orais e escritas são para você entender melhor os textos lidos.

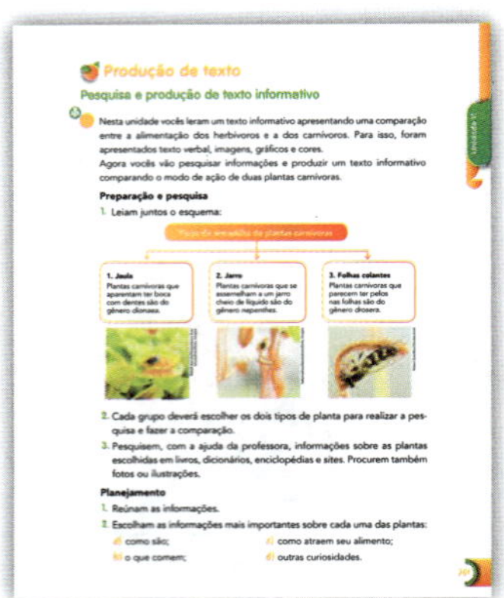

Produção de texto

Momento em que você vai produzir textos orais e escritos.

Palavras em jogo

Você aprende a escrita das palavras com atividades interessantes e, muitas vezes, divertidas.

Aí vem...

Nesta seção há sempre um texto a mais para ler.

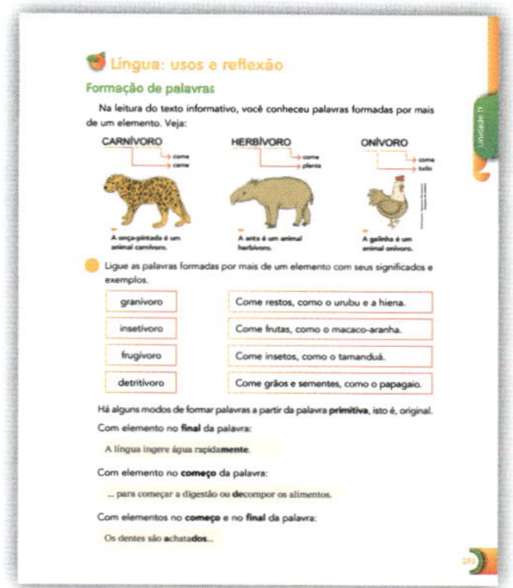

Língua: usos e reflexão

Este é o momento para o estudo da língua e de aprender como ela é usada em cada situação.

Tecendo saberes

Este é o momento de você ampliar conhecimentos e fazer a ligação do que está estudando com outro assunto.

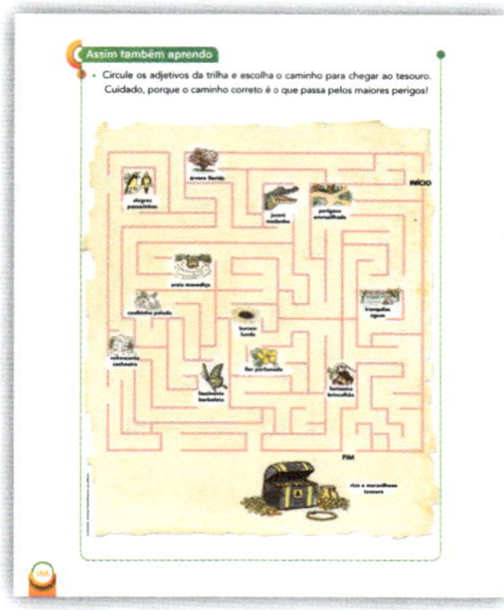

Assim também aprendo

É o momento de se divertir um pouco mais!

Com a palavra...

Entrevistas com diferentes profissionais farão você perceber que o conhecimento também pode ser adquirido além dos livros.

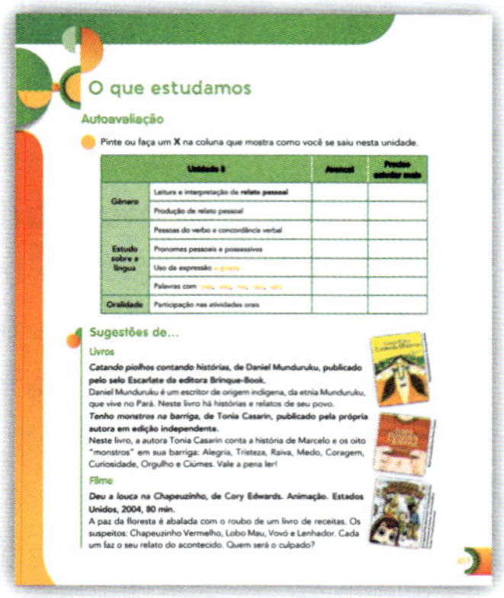

O que estudamos

É o momento de refletir sobre o que você estudou.

Projeto de leitura

Um projeto que vai tornar a leitura ainda mais prazerosa.

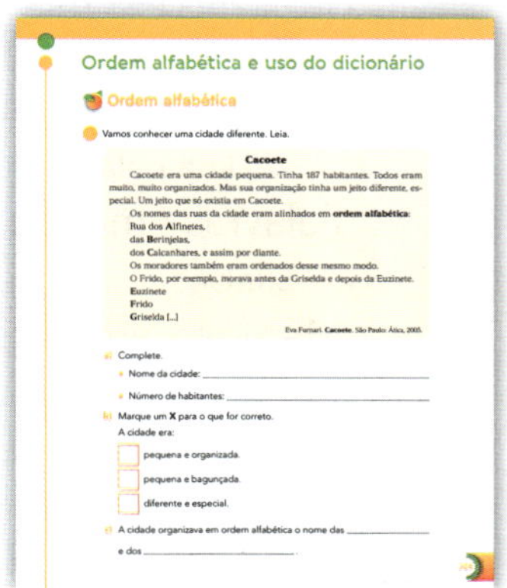

Ordem alfabética e uso do dicionário

Você vai aprender o que precisa saber para usar bem o dicionário!

Acompanha o Livro do Aluno:

Caderno de Atividades

Atividades para você praticar o que aprendeu em cada unidade.

Ícones

Atividade em grupo

Atividade em dupla

Atividade no caderno

Sumário

Vanessa Alexandre/Arquivo da editora

Vanessa Alexandre/Arquivo da editora

Camila de Godoy/Arquivo da editora

Camila de Godoy/Arquivo da editora

Introdução

Ler e escrever é um presente divertido!

Você está no 3º ano e já sabe ler e escrever!

Já leu e escreveu histórias, bilhetes, convites, cartas... Já leu e escreveu em verso e em prosa e aprendeu formas de apresentar novos conhecimentos, de participar de apresentações, de contar, de cantar e encantar.

Que tal agora um desafio?

Leia as frases e veja as ilustrações a seguir, de um livro chamado **O que é que te diverte?**. Juntas, elas dão algumas pistas de histórias que talvez você já conheça.

Eliardo França. **O que é que te diverte?**. São Paulo: Caramelo, 2015. p. 14 e 16.

Descobriu quais são as histórias? Então, você conhece histórias do **Era uma vez...**!

Conhecer histórias contribui para sermos bons leitores e produtores de textos.

Saber ler é importante para **buscarmos informações** em jornais, revistas, livros e dicionários impressos ou na internet. E saber escrever é necessário para registrar as informações selecionadas!

Saber ler e escrever de forma adequada cartas, bilhetes, *e-mails* e mensagens de texto é importante para **nos comunicarmos** com alguém em certas situações.

Ler e escrever é também um caminho para conquistar aquilo que queremos e imaginamos.

E, além de úteis, a leitura e a escrita podem ser atividades muito divertidas!

Leia a seguir outro texto do livro **O que é que te diverte?**.

São mil e uma noites.

São tantas histórias...
Para vivê-las, abra bem os olhos
e os ouvidos.
Mas, atenção! Não há trem,
navio ou avião.
É preciso usar as linhas e as cores
dos desenhos e as palavras dos livros
para tecer um rico e macio
tapete mágico.
[...]
E será sempre
uma longa, inesquecível e
maravilhosa viagem!
Boa sorte!

Vanessa Alexandre/Arquivo da editora

Eliardo França. **O que é que te diverte?**. São Paulo: Caramelo, 2015. p. 29.

Convidamos você a viajar conosco neste 3º ano, lendo e escrevendo com diversas intenções ou finalidades: comunicar-se, informar-se, adquirir conhecimento, imaginar, criar e se divertir!

Unidade

1 Letra de canção

Nesta unidade você vai...

- ler, compreender e interpretar letra de canção;
- identificar elementos da letra de canção;
- produzir estrofe para letra de canção;
- estudar sobre o sentido das palavras: sinônimos e antônimos;
- estudar como formar novas palavras;
- estudar palavras quanto ao número de sílabas;
- participar de atividades orais.

- Observe a cena. O que você acha que os personagens estão fazendo?
- Você gosta de ouvir música? E de cantar?
- Quais são os ritmos de que você mais gosta?

Giz de Cera/Arquivo da editora

Para iniciar

Adivinhas

Você gosta de adivinhas? Então, vamos adivinhar!

O que é, o que é?

Quando bato a cabeça
Ele aparece e cresce
Deixando a vida dolorida
Quando o dia amanhece
Ele aparece e canta
Deixando a vida colorida

Quando eu me visto
Ela faz parte da camisa
E cobre meu braço
Quando quero algo gostoso
Ela é fruta deliciosa
Doce até no bagaço

Quando o preço é baixo
Digo essa palavra
Todo alegre e animado
Quando encontro no caminho
Esse bicho nojento
Fico todo arrepiado

As autoras.

Ilustrações: Vanessa Alexandre/Arquivo da editora

Vamos brincar de adivinhar sobre o que fala a letra de canção a seguir. Não tem corpo, não tem forma, não tem cor e pode ser fraco ou forte?

O que pode ser?

Leitura 1: letra de canção

Estou vivo mas não tenho corpo.
Por isso é que não tenho forma.
Peso eu também não tenho.
Não tenho cor.
Quando sou fraco
Me chamo brisa.
E se assobio,
Isso é comum.
Quando sou forte,
Me chamo vento.
Quando sou cheiro,
Me chamo pum!

O ar (o vento). Toquinho, Vinicius de Moraes, Luis Enríquez Bacalov. Intérpretes: Boca Livre e Vinicius de Moraes. In: **A arca de Noé 2**. Rio de Janeiro: Mercury Records, 1998. 1 CD. Faixa 7.

Vanessa Alexandre/Arquivo da editora

Sobre os autores

Reprodução/Mercury Records

Vinicius de Moraes (1913-1980) foi um poeta, jornalista, cantor e compositor brasileiro. Compôs diversas letras de canção em parceria com grandes nomes da música brasileira.

Toquinho é um cantor, compositor e violonista brasileiro. Iniciou sua carreira musical nos anos 1960 e, a partir da década de 1970, começou uma parceria musical com Vinicius de Moraes que obteve grande sucesso.

Luis Enríquez Bacalov (1933-2017) foi um pianista e compositor argentino, conhecido internacionalmente por seu trabalho com trilhas sonoras para cinema.

Interpretação do texto

Atividade oral e escrita

1. A letra de canção é escrita geralmente em versos, que podem ter rimas e ser agrupados em estrofes. Quantas estrofes e quantos versos tem a letra de canção que você acabou de ler?

____

2. Observe que não foi colocado o título dessa letra de canção. Para dar o título, você tem de adivinhar sobre o que ela fala. Siga as pistas e escreva o que você acha que é.

   a) Você imagina algo que pode ser vivo e não ter corpo nem forma? Escreva abaixo.

   ____

   b) Você conhece algo sem cor e sem peso? Escreva abaixo.

   ____

3. Que pista diferente das que estão no texto você poderia dar para quem não conseguiu descobrir?

____

4. Descobriu? Escreva a resposta.

____

Agora, tente resolver a adivinha que está na letra de canção a seguir.
O que pode ser algo que não desgruda do seu pé?
Leia, cante e descubra.

Leitura 2: letra de canção

O que é, o que é?

O que é, o que é?
Não desgruda do seu pé
Cresce, engorda, estica
Vou te dar uma dica

Não tem cheiro nem sabor
Não tem peso nem valor
Não tem brilho mas se vê
Não consegue se esconder

Caminhando pelo chão
Anda sem lhe dar a mão
E na sua brincadeira
É supercompanheira

O que é, o que é?
Se parece com você
Tem até um gesto igual
Mas é bidimensional

Se você ainda não descobriu
Eu garanto que você viu
E agora o que eu vou dizer
Com certeza vai esclarecer

Só na luz é que ela dança
Dança rumba dança samba
Dança o que você dançar
Só você é o seu par

O que é, o que é?
Agora 1, 2, 3...

Vanessa Alexandre/Arquivo da editora

Paulo Tatit e Edith Derdyk. **O livro de brincadeiras musicais da Palavra Cantada**. São Paulo: Melhoramentos, 2010. v. 3. p. 44.

Sobre os autores

Reprodução/Acervo Palavra Cantada

Maycon Lima/Acervo Palavra Cantada

Paulo Tatit é músico e atua no projeto Palavra Cantada com a musicista Sandra Peres.

Edith Derdyk é artista plástica e realizou inúmeros trabalhos gráficos, como capas de livro, capas de disco e ilustrações. Escreveu e ilustrou três livros infantis. Compôs canções em parceria com Paulo Tatit para o grupo Palavra Cantada.

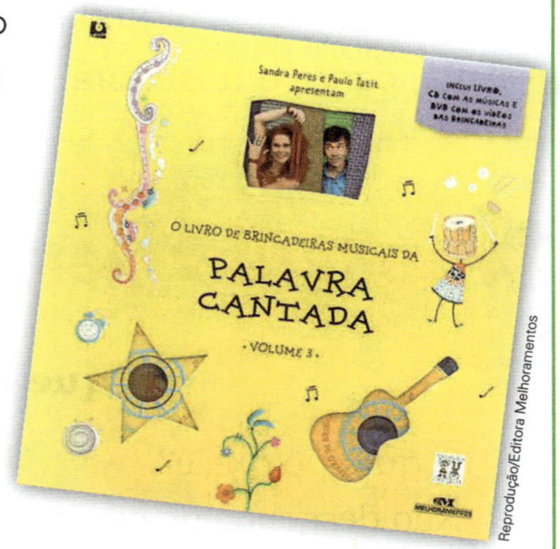

Reprodução/Editora Melhoramentos

Interpretação do texto

Atividade oral e escrita

1 Quantas estrofes tem a letra de canção que você acabou de ler?

____

2 Cada verso traz **pistas** para resolver a adivinha dessa letra de canção. Conversem sobre as ideias que cada uma das pistas nos dá.

a) Não desgruda do seu pé.

b) Cresce, engorda, estica.

c) Não tem cheiro nem sabor.

d) Não tem peso nem valor.

e) Não consegue se esconder.

f) Anda sem lhe dar a mão.

g) É supercompanheira.

h) Parece-se com você.

Vanessa Alexandre/Arquivo da editora

3 Releia os versos a seguir.

> E agora o que eu vou dizer
> Com certeza vai esclarecer
> Só na luz é que ela dança

Vanessa Alexandre/Arquivo da editora

Depois das pistas anteriores, o que você acha que é?

____

4 Releia a última estrofe.

> O que é, o que é?
> Agora 1, 2, 3**...**

O sinal destacado chama-se **reticências**. Nesse caso, ele sugere que o leitor decifre a charada e descubra "o que é", completando, assim, a estrofe.

Complete a estrofe que você leu com o que descobriu. A resposta da adivinha é ___________________________.

5 De todas as pistas dadas na letra de canção, qual você ajudou mais a descobrir a resposta? Explique o porquê.

____

6 Que outra dica você daria para ajudar uma pessoa que não descobrisse "o que é"?

____

____

7 Marque as alternativas que melhor expressam as intenções dessa letra de canção.

- [ ] entreter
- [ ] emocionar
- [ ] dar instruções
- [ ] informar
- [ ] desafiar

Hora de organizar o que estudamos

Leiam juntos o esquema a seguir e escolham no quadro abaixo as palavras ou expressões que podem preencher as lacunas.

ouvir canções	divertir	estrofes

Letra de canção

Texto para ser cantado, acompanhando a melodia da canção

Intenção/finalidade
- entreter
- ________________

Organização do texto
- versos
- ________________
- rimas

Leitor/público
- Pessoas que gostam de cantar acompanhando letras de canção
- Pessoas que gostam de ________________

Aí vem... letra de canção

Leia a letra de canção e tente resolver as adivinhas.

Adivinha o que é

Quem adivinha o que é
Que cai em pé e corre deitada
E faz a terra ficar molhada
Adivinha o que é? – a chuva é que é!

Tem asas, não voa nada
Tem bico, mas não dá bicada
Ave não é
Adivinha o que é? – bule de café!

Uma casinha branca
Sem porta, sem tranca
Nunca fica de pé
Adivinha o que é? – o ovo é que é!

Que quanto mais você dá e divide
Mais cresce
Parece multiplicar
Adivinha o que é? – é amar!

[...]

Renato Rocha. Intérprete: MPB-4. In: **Adivinha o que é**. São Paulo: Universal Music, 1981. 1 DVD. Faixa 7.

Prática de oralidade

Conversa em jogo

Roda de adivinhas: O que é, o que é?

1. Pense em uma adivinha que você conhece ou pesquise uma nova. Depois, anote-a em uma folha de papel.

Adilson Farias/Arquivo da editora

2. Agora siga as instruções abaixo.

   - Não se esqueça de que a adivinha deve ter alguma dica para que seus ouvintes possam chegar à resposta.

   - Um aluno de cada vez vai ler a adivinha em voz alta, de tal forma que aguce a curiosidade dos colegas e os desafie a decifrar algo. Quando chegar a sua vez, leia de modo claro, com pausas e expressividade, e veja se os colegas conseguem descobrir a resposta da sua adivinha.

3. Com os colegas e com a orientação da professora, prepare um mural em que as adivinhas poderão ser coladas para que todos possam conhecê-las.

Tecendo saberes

Você leu uma letra de canção que fala sobre a sombra. E você sabia que a sombra projetada pelo Sol em uma superfície pode ser útil para marcar as horas do dia?

Leia um texto sobre os instrumentos criados com essa finalidade: os relógios de sol.

Como foi criado o relógio de sol?

[...]

O diretor de Astronomia do Planetário, Fernando Vieira, conta que isso é um mistério: "Os primeiros relógios de sol foram usados na pré-história e eram simples hastes fincadas no chão", diz ele. "Logo, não temos como saber quem foram seus inventores".

Embora a origem dos relógios de sol seja desconhecida, seu funcionamento é fácil de explicar. "O sol incide sobre o relógio, e a sombra da haste indica a hora", esclarece Fernando. "Para funcionar corretamente, ele precisa estar perfeitamente orientado segundo os pontos cardeais".

Snap Decision/Photolibrary/Getty Images

O relógio de sol marca as horas por meio da sombra formada quando a luz solar incide sobre a haste.

[...]

O relógio de sol foi muito usado pelos gregos e romanos antigos, e seu ápice foi durante a Idade Média. [...] Com o surgimento dos primeiros relógios mecânicos, os relógios solares começaram a cair em desuso. Hoje, eles praticamente só são vistos enfeitando praças e museus.

Disponível em: <http://chc.org.br/acervo/como-foi-criado-o-relogio-de-sol/>. Acesso em: 29 jan. 2020.

Que tal fazer um relógio de sol como este da fotografia ao lado, de pratinho de papelão? Sigam as orientações da professora e, em um lugar aberto, observem como fica a sombra do canudo, projetada sobre o prato, em diferentes horários do dia. Depois, conversem sobre o que vocês observaram.

As imagens não estão representadas em proporção.

Edson Antunes/Arquivo da editora

Relógio de sol feito com prato de papelão, canudo e canetinha colorida.

Outras linguagens

As sombras podem expressar mais do que imaginamos. Observe como a sombra das mãos pode produzir efeitos surpreendentes.

VectorShow/Shutterstock

- Agora é a sua vez: em casa, com uma lanterna, projete sombras das suas mãos em uma parede. Procure criar imagens diferentes e peça às pessoas de sua casa que adivinhem o que as sombras representam.

Produção de texto

Criação de estrofe para letra de canção

- Junte-se a um colega e escolham um animal para adivinhação.

Planejamento

1. Pensem em pistas para dar aos colegas, procurando não dar dicas muito diretas.
2. Depois de escolher o que valerá para "O que é, o que é?", pensem em uma melodia conhecida e escrevam uma estrofe sobre o animal escolhido que se encaixe nessa melodia.

3. Procurem escolher palavras que formem rimas. Vejam um exemplo:

Tem manchas no corpo
Tem quatro patas e é **elegante**
Come folhas das árvores
E não é um **elefante**.

É... a girafa!

Escrita

O que é, o que é?

Vou te dar uma dica:

____

____

____

____

____

Revisão e reescrita

1. Depois de pronta, releiam a estrofe para verificar se:
   - ficou clara para quem lê ou escuta;
   - as palavras escolhidas combinam com a melodia;
   - há rimas;
   - não há dúvida quanto à escrita das palavras.
2. Reescrevam a estrofe e façam ajustes, se necessário. Depois, aguardem a vez de cantar a estrofe com sua adivinhação para os colegas.
3. Procurem prestar atenção nas estrofes cantadas pelos colegas para adivinhar também.
4. No final, vocês podem reunir todas as estrofes produzidas para fazer uma letra de canção de autoria coletiva, com muitas adivinhas, e apresentá-la para as outras turmas.
5. Planejem juntos uma forma de fazer a apresentação para outros colegas da escola.

Língua: usos e reflexão

Os sentidos das palavras: sinônimos e antônimos

Detetives de palavras

1 Para descobrir a resposta do "O que é, o que é?" da página 17, vocês tiveram de seguir pistas de acordo com os sentidos das palavras. Vamos rever alguns desses sentidos.

Substituam as expressões destacadas por outras com significado quase igual ou semelhante. Para isso, consultem o quadro abaixo.

é leve	muito amiga	encontrou
achou	faz companhia	é algo desvalorizado
resolver	sem peso	tornar claro

a) Não tem cheiro nem sabor
Não tem peso nem valor

b) E na sua brincadeira
É supercompanheira

c) Se você ainda não descobriu
Eu garanto que você viu

d) E agora o que eu vou dizer
Com certeza vai esclarecer

2 Releiam os versos da atividade 1 com as palavras ou expressões que vocês escolheram do quadro. Depois, respondam: Vocês acham que a substituição ficaria adequada na letra de canção? Por quê? Para explicar, pensem também na melodia e nas rimas.

3 Releia estas estrofes da letra de canção e observe as expressões destacadas.

O que é, o que é?
Não desgruda do seu pé
Cresce, engorda, estica
Vou te dar uma dica

Não tem cheiro nem sabor
Não tem peso nem valor
Não tem brilho mas **se vê**
Não consegue se esconder

Copie a expressão destacada que tem o sentido parecido, isto é, semelhante, a cada uma das expressões a seguir. Leia o exemplo.

É opaco: **Não tem brilho.**

a) Fica colado: ______________________________

b) É inodoro: ______________________________

c) Aumenta: ______________________________

d) É visível: ______________________________

Quando substituímos uma palavra por outra com significado quase igual, muito parecido ou semelhante, estamos usando um **sinônimo**.

Sinônimos são palavras de sentidos semelhantes.

Formação de palavras (1)

Uma palavra puxa a outra

Você pode descobrir sinônimos buscando as pistas dentro da própria palavra.

Algumas palavras se formam a partir de outras. São palavras **derivadas** de outras, chamadas **primitivas**. Leia as colunas na próxima página.

Palavra derivada		Pista: Palavra primitiva
engordar	⟷	gordo
encantar	⟷	encanto
aterrorizar	⟷	terror

Agora você

1 Complete com as palavras primitivas, isto é, que dão pistas para o significado das palavras derivadas.

Derivadas **Primitivas**

a) desanimado: ______________________

b) acalorado: ______________________

c) interessar: ______________________

d) entardecer: ______________________

e) anoitecer: ______________________

f) florescer: ______________________

Vanessa Alexandre/Arquivo da editora

2 Circule a **palavra primitiva** escondida e explique o significado de cada uma das palavras derivadas.

a) apimentada: ______________________

b) enturmado: ______________________

c) acamado: ______________________

d) encerado: ______________________

e) embandeirado: ______________________

Os contrários: antônimos

Há palavras que expressam sentidos contrários. Observe:

Não **desgruda** do seu pé ↕ gruda

Cresce, engorda, estica ↕ diminui, emagrece, encolhe

Quando substituímos uma palavra por outra de sentido oposto, contrário, estamos utilizando um **antônimo**.

Antônimos são palavras de sentidos opostos, contrários.

Agora você

1. Reescreva os versos, dando o sentido contrário do que está dito nos trechos destacados.

a) **Não tem peso nem valor**
Não tem brilho mas se vê

____
____

b) E agora o que eu vou dizer
Com certeza vai **esclarecer**

____
____

2. Complete os versos com palavras de sentido contrário. **Dica**: Para descobrir os opostos, preste atenção nas palavras destacadas e nas rimas.

Natureza

[...]

O Sol sempre esquenta de _______________
A brisa de **noite** me esfria

Com **frio** ou _______________
Natureza é flor
Que sempre me dá alegria

[...]

César Obeid. **Criança poeta:** quadras, cordéis e limeriques. São Paulo: Editora do Brasil, 2013. p. 22.

Vanessa Alexandre/Arquivo da editora

3 Escreva palavras antônimas, isto é, com sentido contrário, de:

a) antigo: ______________________

b) jovem: ______________________

c) alto: ______________________

d) frio: ______________________

Formação de palavras (2)

Uma palavra puxa a outra

Observe como podemos formar palavras antônimas.
Veja o que foi acrescentado.

feliz ⟷ **in**feliz

animado ⟷ **des**animado

Agora você

Junte **in**/**im** ou **des** às palavras e forme **antônimos**.

a) compreensão: ______________________

b) fazer: ______________________

c) possível: ______________________

d) amassar: ______________________

e) cuidado: ______________________

f) completo: ______________________

Hora de organizar o que estudamos

Leiam e completem o esquema a seguir.

Sentido das palavras

Palavras com sentidos semelhantes → ______________________

Palavras com sentidos opostos → ______________________

Unidade 1

Palavras em jogo

Sílabas

Atividade oral e escrita

1 Leiam juntos a quadrinha a seguir.

Se na língua do PÊ
Você quiser brincar
A primeira coisa a fazer
É as sílabas separar.

Domínio público.

Vamos brincar de falar na língua do PÊ. Descubra o que está escrito.

Penão pedespegrupeda pedo pemeu pepé!

____

2 O que é preciso fazer para falar na língua do PÊ?

____

3 Leia os versos a seguir.

O que é, o que é?
Não desgruda do seu pé

a) Marque o tipo de palavra que mais se repete nesses versos.

☐ Com uma sílaba. ☐ Com duas sílabas. ☐ Com três sílabas.

b) Copie as palavras que você localizou para responder.

____

c) Quantas letras tem cada sílaba dessas palavras?

____

____

De acordo com o número de sílabas, as palavras recebem uma classificação.

4 Os termos a seguir são usados para indicar o número de sílabas de uma palavra.

a) Conversem sobre o sentido que pode ter a parte colorida.

b) Liguem cada palavra à quantidade de sílabas que ela indica.

monossílaba	**di**ssílaba	**tri**ssílaba	**poli**ssílaba

três sílabas	quatro sílabas ou mais	uma sílaba	duas sílabas

5 Ligue as palavras à classificação correspondente, de acordo com o número de sílabas de cada uma.

sombra	monossílaba
eu	dissílaba
adivinhar	trissílaba
mágica	polissílaba

Na língua falada, **sílaba** é cada impulso de voz ao pronunciar uma palavra.

Hora de organizar o que estudamos

Leiam e completem o esquema a seguir com um exemplo de palavra para cada classificação.

Classificação das palavras pelo número de sílabas

Monossílaba	**Dissílaba**	**Trissílaba**	**Polissílaba**
________	________	________	________

Memória em jogo

Fale rápido e tente memorizar. Cuidado para não embaralhar as sílabas! Depois, escreva a cantiga na página 293. Procure não olhar!

Tumbalacatumba tumba tá

Quando o relógio bate a uma
Todas as caveiras saem da tumba
Tumbalacatumba tumba tá
Tumbalacatumba tumba tá

Quando o relógio bate as duas
Todas as caveiras pintam as unhas
Tumbalacatumba tumba tá
[...]

Domínio público.

Vanessa Alexandre/Arquivo da editora

Assim também aprendo

- Chega de adivinhar. Agora é hora de rir com as respostas.

- **Por que a galinha subiu na árvore?**
  Resposta: Porque ela ia botar pra quebrar!

- **O que a areia disse para o mar?**
  Resposta: Deixe de onda...

- **Por que as bananas não gostam de ir à praia?**
  Resposta: Porque logo começam a descascar!

- **Qual é o resultado de uma corrida de patos?**
  Resposta: Empatados!

- **Qual é o animal mais manco do mundo?**
  Resposta: O tigre-de-bengala!

- **Por que a água foi presa?**
  Resposta: Porque matou a sede!

Domínio público.

O que estudamos

Autoavaliação

Pinte ou faça um **X** na coluna que mostra como você se saiu nesta unidade.

Unidade 1		Avancei	Preciso estudar mais
Gênero	Leitura e interpretação de **letra de canção**		
	Identificação dos elementos da letra de canção		
	Produção de estrofes para letra de canção		
Estudo sobre a língua	Sentidos das palavras: sinônimos e antônimos		
	Formação de palavras		
	Separação de sílabas e classificação de palavras quanto ao número de sílabas		
Oralidade	Participação nas atividades orais		

Sugestões de...

CDs

Reprodução/Palavra Cantada/MCD

***Canções de brincar*, do grupo Palavra Cantada, produzido pela gravadora MCD.**

O CD traz quinze músicas para você se divertir com as letras irreverentes e as brincadeiras com as palavras.

Divulgação/Sony & BMG

***Partimpim dois*, de Adriana Partimpim, produzido pela gravadora Sony & BMG.**

Com um repertório diversificado que explora a música popular brasileira, o CD traz canções alegres que convidam a cantar e a dançar.

Site

<http://palavracantada.com.br/videos/>

Neste *site*, você pode assistir a diversos vídeos com canções divertidas do grupo Palavra Cantada para cantar e dançar! Acesso em: 20 abr. 2020.

Unidade

2 História em versos

Nesta unidade você vai...

- ler e interpretar história em versos;
- identificar características da história em versos;
- produzir versos para continuar uma história;
- estudar frase, pontuação e expressividade;
- estudar separação de sílabas na fala e o uso na escrita;
- participar de atividades orais.

- Observe a cena e responda: O que você acha que está acontecendo com os personagens?
- Você gosta de ouvir histórias? E de "viajar" com elas?
- De qual história, das que já ouviu, você mais gostou?
- Se você já ouviu alguma história em versos rimados, conte para os colegas qual foi.

LB Ilustrações/Arquivo da editora

Para iniciar

Sapo que coaxa

Vamos criar um sapo que você pode fazer coaxar?

Material

- 1 prato de papelão dobrado ao meio
- pedaços de cartolina para as pernas e os olhos
- 1 tira de papel vermelho para a língua

Edson Antunes/Arquivo da editora

Depois de pronto, basta movimentar a boca, abrindo e fechando o pratinho. O som do sapo é por sua conta.

Você conhece alguns poemas e também algumas histórias. Agora você vai ler uma história sobre uma orquestra, que foi escrita em versos.

Você já ouviu uma orquestra? E uma orquestra de sapos? Como seria isso?

Leitura: história em versos

Orquestra

Os sapos cantam até tarde,
alguém já vem reclamar:
— Amanhã acordo cedo,
vamos, parem de cantar!

— Ora, ora, dona Aranha,
já montamos toda a orquestra.
É noite de lua cheia,
não vê que estamos em festa?

Dona Aranha, aborrecida,
vai chamar a centopeia.
Ela vem e vê que a briga
não é coisa muito séria.

Dona Aranha, muito brava,
vai chamar o seu vizinho.
Vem o grilo, vê a orquestra
e vai saindo de mansinho.

Dona Aranha, irritada,
vai chamar dona Minhoca.
Ela escuta e não diz nada,
não quer saber de fofoca!

Dona Aranha, emburrada,
vai chamar o carrapato.
Ele vem, dá meia-volta,
mas não quer pagar o pato.

E o *show* segue a noite inteira.
Não há o que faça parar,
nem aplauso ou choradeira,
não adianta tentar.

De manhã, a orquestra para
e os sapos começam a sair.
Mas dona Aranha, coitada!
Não consegue mais dormir.

Nye Ribeiro. **Roda de letrinhas**.
Campinas: Roda e Cia., 2004. p. 20-21.

Vanessa Alexandre/Arquivo da editora

Sobre a autora

Reprodução/Acervo pessoal

Nye Ribeiro nasceu em 1950, em Boa Esperança, Minas Gerais. Passou sua infância em contato com a natureza, andando pelos morros, seguindo trilhas e descobrindo caminhos. Tem mais de 60 livros publicados.

Reprodução/Editora Roda & Cia

Interpretação do texto

Atividade oral e escrita

1 Esse texto é uma **história em versos**.

a) Nessa história, há conjuntos de versos que formam **estrofes**. Quantas estrofes há nesse texto? ______

b) Esse texto apresenta rimas. Copie dois pares de palavras que rimam.

______

______

2 Localize as seguintes informações na história e escreva-as abaixo.

a) **Personagens**:

______

b) **Tempo**:

- Quando foi a festa dos sapos: ______
- Quanto tempo durou a festa: ______
- Quando acabou a festa: ______

3 Dona Aranha chama vários outros bichos. Assinale o motivo.

- [ ] Queria participar da festa dos sapos.
- [ ] Queria companhia para dormir.
- [ ] Queria que todos os bichos viessem à festa.
- [ ] Queria ajuda para acabar com a festa.

4 Releia os versos:

Os sapos cantam até tarde,
alguém já vem reclamar:
— Amanhã acordo cedo,
vamos, parem de cantar!

Vanessa Alexandre/Arquivo da editora

a) Quem disse o que está destacado? ______________________________

b) No desenrolar da história, algumas palavras descrevem como a aranha se sente. Assinale quais destas palavras estão presentes na história.

☐ emburrada	☐ alegre	☐ sonolenta
☐ animada	☐ irritada	☐ furiosa

5 Ligue cada bicho à atitude que tomou para não atender a dona Aranha.

sapos	saiu de mansinho
centopeia	não quis saber da briga
grilo	achou que não era coisa séria
carrapato	não queria fofoca
minhoca	queriam festa

6 Releia o final da história:

Mas dona Aranha, coitada!
Não consegue mais dormir.

Por que, ao final da história, dona Aranha é chamada de **coitada**?

____

____

7 O que pode significar o verso destacado nesta estrofe?

Dona Aranha, emburrada,
vai chamar o carrapato.
Ele vem, dá meia-volta,
mas não quer pagar o pato.

____

____

8 Em sua opinião, os bichos fizeram certo em não acabar com a festa dos sapos? Por quê?

9 Leia as frases a seguir e numere-as de acordo com a ordem dos fatos na história.

Nenhum dos bichos quis acabar com a festa dos sapos.	
Muitos bichos foram chamados para ajudar dona Aranha.	
Dona Aranha não conseguiu dormir porque a festa só terminou de manhã.	
Dona Aranha queria dormir, mas os sapos montaram uma orquestra.	

Hora de organizar o que estudamos

Leiam juntos o esquema a seguir. Depois, completem o quadro com informações sobre o tipo de leitor para essa história.

História em versos

Intenção/finalidade
- estimular a imaginação
- entreter, divertir
- refletir sobre fatos do dia a dia

Organização do texto
- versos, estrofes, rimas
- fatos que acontecem em um tempo e um espaço

Leitor/público

____

____

____

Outras linguagens

As histórias podem ser contadas de muitas maneiras: tanto com linguagem verbal, como com recursos da linguagem não verbal, por exemplo, imagens.

Leiam a história a seguir, contada só por meio de imagens. Depois, conversem sobre o que entenderam.

© Eva Furnari/Acervo da autora

Eva Furnari. **A bruxinha atrapalhada**. Ilustrações da autora. 24. ed. São Paulo: Global, 2003.

Prática de oralidade

Conversa em jogo

O barulho incomoda?

Releiam esta estrofe:

> Os sapos cantam até tarde,
> alguém já vem reclamar:
> — Amanhã acordo cedo,
> vamos, parem de cantar!

Vanessa Alexandre/Arquivo da editora

Os sapos queriam fazer festa.

Dona Aranha reclamou porque precisava dormir para acordar cedo no dia seguinte.

Agora, conversem: O que deve ser feito quando o barulho incomoda alguém?

É importante ter um horário certo para festas e barulho, para não incomodar quem quer ou precisa dormir?

Jogral

Uma história em versos fica mais expressiva quando lida em voz alta, pois, assim como os poemas, ela apresenta ritmo, rimas e sonoridade.

Vamos fazer um jogral! Para isso, sigam as orientações da professora.

1. Vocês deverão preparar a leitura do texto "Orquestra".
2. A turma deverá ser dividida em seis grupos.
3. A professora dirigirá o ensaio, combinando as vozes e dando mais instruções.
4. Ao ensaiar, fiquem atentos à pronúncia clara das palavras, à postura – com olhar direcionado ao público – e aos gestos que forem importantes para transmitir expressividade na interpretação do texto.
5. Depois de bem ensaiados, vocês poderão combinar uma data com a professora e fazer uma apresentação para outras turmas.

Aí vem... história em versos

Leia agora outra história em versos e descubra se é possível querer **isto** e **aquilo**, sem ter que escolher entre as duas possibilidades.

Ou isto ou aquilo?

Na espuma do mar,
morava a conchinha.
Coisinha mais linda,
festança do olhar.

Um dia o menino
achou a conchinha,
e quis em seguida
mostrar para a amiga.

Mas dentro da concha
havia um bicho
que disse ao menino
com todo capricho:

— Amigo bem-vindo,
me leva contigo?
— Não posso, bichinho,
Senão você morre.

Que bela risada
o bicho soltou!
— Não morro nem nada,
é só um passeio!

Então o menino,
alegre da vida,
levou concha e bicho
à casa da amiga.

Vanessa Alexandre/ Arquivo da editora

Os três passearam
mais que um dia inteiro!
E o bicho adorou
o Rio de Janeiro...

Noitinha crescendo,
o tempo esgotado,
bastante cansados
voltaram à praia.

Daí o menino,
ternura, cuidado
repôs o bichinho
na espuma do mar.

E antes de sumir
pra dentro da concha,
"Até outro dia...",
o bicho dizia.

Ele não queria
viver sem o mar.
Também não queria
viver só no mar.

Enfim o menino
passou a entender,
que às vezes na vida
se pode escolher:
Isto e aquilo.

Marta Lagarta. **Abraço de pelúcia e mais poemas**.
Belo Horizonte: Autêntica, 2010. p. 16-17.

Vanessa Alexandre/
Arquivo da editora

Tecendo saberes

Em cada região do Brasil há formas próprias de cantar canções.

As canções populares geralmente são passadas de geração em geração, preservando a tradição e a cultura de um povo.

- Agora, vamos conhecer trechos de algumas letras de canção das regiões indicadas no mapa.

Brasil regional

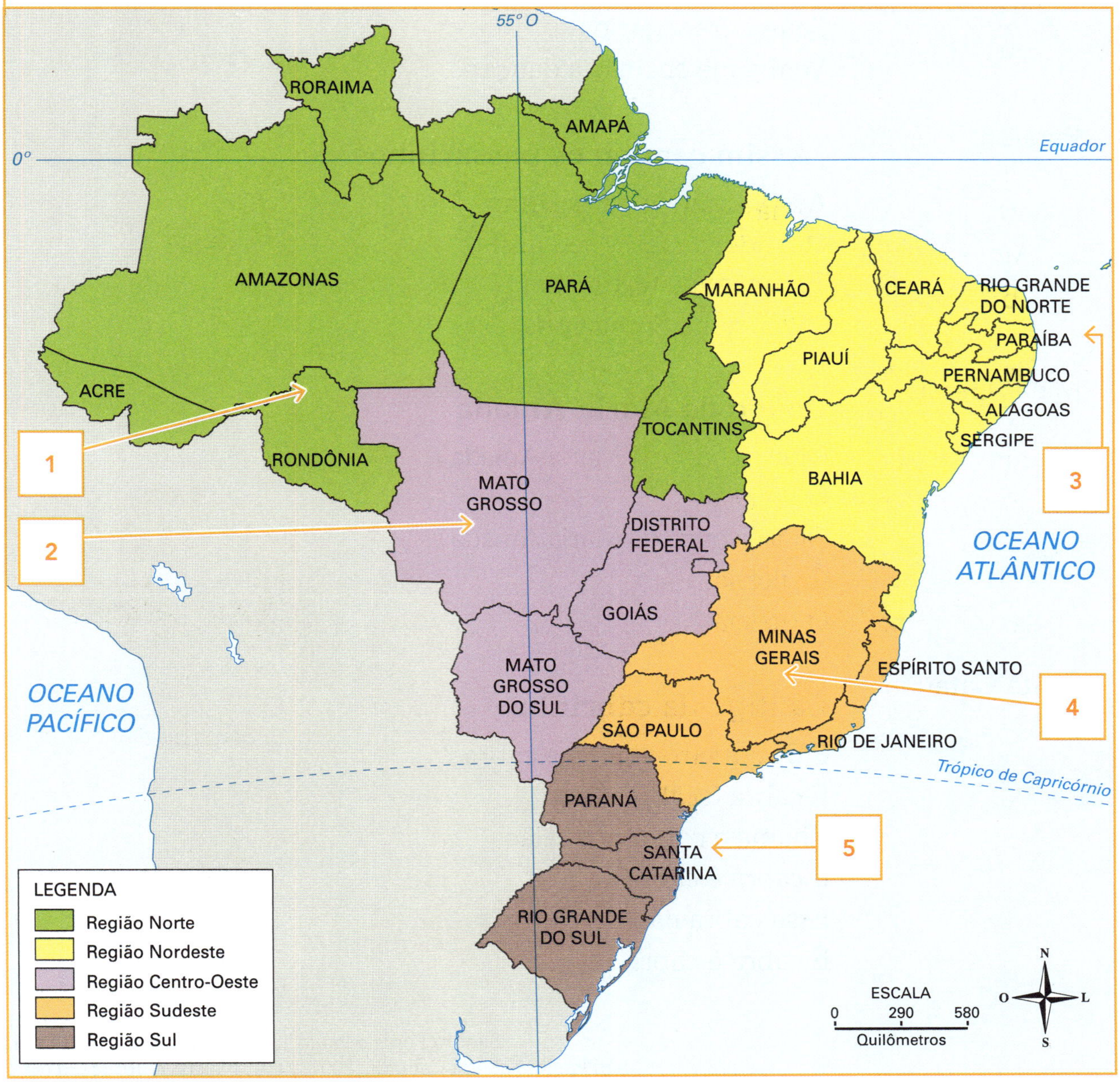

IBGE. **Atlas geográfico escolar**. 7. ed. Rio de Janeiro, 2016. (Adaptado.)

1. Rondônia

Tso ere poma
(música da tribo Karitiana)

Uy poma (Vou brincar)
Uy poma (Vou brincar)
I ay ta ka'ay un mi'ay (Vou pegar, pegar)
I ay ta ka'ay un mi'ay (Vou pegar, pegar)

2. Mato Grosso

Nandaia

Nandaia
Nandaia, nandaia
Vamos todos nandaiá
Seu padre vigário
Venha me ensinar a dançar...

3. Paraíba

Assim cantam os passarinhos

Assim canta o passarinho
Quando vai fazer seu ninho
Tudo tem na terra amor
Ai, ai, dona Sinhazinha.

4. Minas Gerais

Congo da Maria Amada

Olha o congo da Maria Amada
Ô tileleia
Olha o congo da Maria Amada
Ô tileleia
Ô tileleia

5. Santa Catarina

Cantiga da cabrinha

E o vaqueiro chama a cabra
Ê cabra ê cabra
Chama a cabra pro salão
Ê cabra ê cabra
Essa cabra não berra
Ê cabra ê cabra...

Sandra Peres e Paulo Tatit. In: **Canções do Brasil**.
São Paulo: Palavra Cantada, 2001. 1 CD. Faixas: 7, 10, 12, 20 e 26.

Língua: usos e reflexão

Sentido real e sentido figurado das palavras

1 Releia a estrofe do texto:

> Dona Aranha, emburrada,
> vai chamar o carrapato.
> Ele vem, dá meia-volta,
> mas não quer **pagar o pato**.

Ilustrações: Vanessa Alexandre/Arquivo da editora

Ligue a expressão destacada à ilustração que mais se aproxima do sentido que pode ter no texto.

Em nossa língua, algumas palavras podem ser empregadas em mais de um sentido.

A expressão "pagar o pato" pode significar comprar e pagar um pato real. Nesse caso, a palavra **pato** é empregada no ***sentido real***, próprio da palavra (uma ave). Mas pode também ter o sentido de "sofrer uma consequência ou levar a culpa por alguma coisa que não fez". Nesse caso, as palavras são utilizadas para criar um novo sentido; um ***sentido figurado***.

2 Leia a tirinha e responda: Você acha que dona Pata sabe guardar segredo?

© Lancast/Acervo do cartunista

Lancast. Anabel. **Recreio**. São Paulo, ano 10, n. 473, 2 abr. 2009. p. 42.

____

3 As patas escolheram dois objetos para representar a habilidade de guardar segredos: um túmulo e um cadeado sem chave.

a) Com lápis **azul**, ligue cada objeto ao seu sentido real.

b) Com lápis **vermelho**, ligue os objetos ao sentido figurado.

Andréia Vieira/Arquivo da editora

túmulo

Andréia Vieira/Arquivo da editora

cadeado

local onde se enterram os mortos	pessoa que guarda segredo, que jamais o revela	objeto que tranca coisas e só abre com chave

Hora de organizar o que estudamos

1 Leiam juntos o esquema e observem os exemplos.

Sentidos das palavras

Sentido real	**Sentido figurado**
Sentido próprio da palavra	**Sentido empregado por semelhança a alguma outra ideia**
Exemplos O quadro vai enfeitar esta parede. Meus pés não cabem mais nestes sapatos. O pássaro voou até o ninho.	Exemplos Aquele goleiro é uma parede. Será preciso ajustar os pés da mesa. Os estudantes voaram para o pátio.

Agora você

1 Leia a história em quadrinhos e responda às perguntas.

Charles M. Schulz. **Peanuts completo (1961 a 1962).** Tradução de Alexandre Boide. Porto Alegre: L&PM, 2013. p. 254.

a) O que o cachorrinho Snoopy não tinha percebido?

____

b) Qual é o sentido de "ter um parafuso a menos na cabeça"?

____

c) Essa expressão está no sentido real ou no sentido figurado?

____

2 Leia o poema de Roseana Murray e responda às questões a seguir.

No mundo da lua

Vou inventar uma rua,
Onde se pinte e borde,
se faça e aconteça
se cante e se dance,
se plantem corações...
Uma rua onde todos vivam
no mundo da lua.

Roseana Murray. **No mundo da lua**. São Paulo: Paulus, 2011. p. 6.

a) Observe a capa do livro de onde foi retirado o poema: uma menina com um gato sentada sobre a Lua, lendo. Essa imagem representa uma cena real ou imaginada?

____

b) Qual sentido têm para você os versos a seguir?

Vou inventar uma rua,
Onde se pinte e borde,

____

____

____

c) Os versos da questão **b** estão no sentido real ou no sentido figurado?

____

d) Releia mais estes versos.

Uma rua onde todos vivam
no mundo da lua.

O que pode significar "viver no mundo da lua"? Converse com os colegas e registre no caderno a conclusão a que vocês chegaram.

Frase, expressividade e pontuação

Atividade oral e escrita

1. A professora chamará alguns alunos para ler as frases a seguir. Quem for ler deverá treinar para falar a frase de acordo com a indicação.

Situação **A**: Dona Aranha falando muito brava:

— Vamos, parem de cantar!

Situação **B**: Os sapos perguntando para dona Aranha:

— Não vê que estamos em festa?

Situação **C**: Os sapos respondendo para dona Aranha:

— Já montamos toda a orquestra.

O que vocês observaram ao falar cada uma dessas frases? Como a voz se comporta?

2. Agora, treine a leitura das frases a seguir. A professora chamará alguns alunos para ler. Observe como a voz se comporta em cada frase.

a) Dona Minhoca não quer saber de fofoca.

b) Dona Minhoca não quer saber de fofoca?

c) Dona Minhoca não quer saber de fofoca!

d) Não adianta tentar.

e) Não adianta tentar?

f) Não adianta tentar!

3 Leia.

a) Bom dia!

b) Que barulho foi esse?

c) Cuidado!

d) A chuva durou a tarde toda.

e) Alguém viu a minha borracha?

f) As crianças estão na biblioteca.

Você leu **frases**. O que há em comum entre elas?

____

____

4 Falamos várias vezes a palavra **frase**. Marque com um **X** as afirmações que ajudam a explicar o que significa essa palavra.

- [ ] É um conjunto de palavras misturadas.
- [ ] Pode ser uma só palavra.
- [ ] Tem uma intenção.
- [ ] Não pode ser uma só palavra.
- [ ] Tem sempre pontuação na escrita.
- [ ] Tem sentido: comunica uma ideia.
- [ ] É um conjunto de palavras organizadas.

5 Agora, converse com os colegas e, depois, escreva uma resposta para o que é **frase**.

____

____

____

6 Releia o final da história em versos "Orquestra".

Não consegue mais dormir.

a) Assinale o que essa frase expressa.

☐ espanto ☐ dúvida ☐ afirmação, certeza

b) Qual é o nome do sinal de pontuação usado para demonstrar isso?

____

7 Copie do texto "Orquestra" o verso em que há uma pergunta. Qual é o nome do sinal de pontuação empregado para indicar que é uma pergunta?

____

____

8 Releia os versos a seguir e circule os sinais de pontuação presentes neles.

[...]
alguém já vem reclamar:
— Amanhã acordo cedo,
[...]

Coloque no ☐ o sinal de pontuação empregado:

a) para indicar o início da fala do personagem. ☐

b) para anunciar que o personagem vai falar. ☐

9 Releia:

Ele vem, dá meia-volta,
mas não quer pagar o pato.

Cory Thoman/Shutterstock

Para que foram utilizadas as vírgulas no trecho em destaque?

____

A **vírgula** pode ser empregada para separar elementos de uma enumeração.

10 Leia os itens que indicam a finalidade dos sinais de pontuação.

a) Iniciar fala de personagem.

b) Expressar surpresa, alegria, etc.

c) Encerrar uma afirmação ou negação.

d) Indicar que um personagem vai falar.

e) Indicar uma pergunta ou dúvida.

Agora, complete o quadro com as frases correspondentes.

Sinal de pontuação	Nome do sinal de pontuação	Finalidade do sinal
?	ponto de interrogação	Indicar uma pergunta ou dúvida.
.	ponto final	
:	dois-pontos	
!	ponto de exclamação	
—	travessão	

Hora de organizar o que estudamos

Leiam juntos o esquema a seguir.

Sinais de pontuação

- **Ajudam a organizar as ideias da frase e do texto.**
- **Indicam como a frase pode ser falada ou lida e atribuem sentidos a ela.**

.	—	!	,	:	?

Agora você

1 Leia a tirinha a seguir.

© Ziraldo Alves Pinto/Acervo do cartunista

Ziraldo. **As melhores tiradas do Menino Maluquinho.** São Paulo: Melhoramentos, 2000. p. 79.

a) A tirinha está sem alguns sinais de pontuação. Coloque-os para que as falas ganhem mais sentido.

b) Releia a tirinha com todos os sinais de pontuação.

c) Converse com os colegas sobre o terceiro quadrinho. Por que Lúcio parece ter ficado confuso?

2 A piada a seguir está sem pontuação nas frases. Reescreva a piada no seu caderno colocando a pontuação, pois senão ela poderá perder a graça! Depois de pronta a tarefa, leia a piada em voz alta, com expressividade.

O rapaz liga para a companhia aérea
A senhora pode me informar quanto
tempo leva a viagem de Salvador ao Rio
Só um minutinho
Obrigado e desliga

Camila de Godoy/Arquivo da editora

Almanaque de Cultura Popular Brasil. Ano 9, n. 102, out. 2007. p. 34.

Produção de texto

Outro final para a história em versos

Releiam a última estrofe da história em versos "Orquestra".

> De manhã, a orquestra para
> e os sapos começam a sair.
> Mas dona Aranha, coitada!
> Não consegue mais dormir.

O que será que pode acontecer depois de tudo isso? Imaginem uma continuação para essa história, encerrando com outro final. O que dona Aranha poderá fazer? E os outros bichos? Como os sapos podem agir?

Planejamento

Conversem sobre as possibilidades para dar continuidade a essa história. A professora vai anotar as ideias na lousa.

Escrita

1. Cada grupo escolherá a proposta que achar mais interessante e criativa para dar continuidade à história.
2. Produzam versos e estrofes para a continuação.
3. Registrem no caderno o texto que vocês criaram. Não se esqueçam de que podem usar rimas e pontuações para dar mais expressividade ao texto.

Revisão e reescrita

1. Releiam o que escreveram para verificar:
   - se as palavras estão escritas de forma correta;
   - se a pontuação está ajudando na clareza e na expressividade;
   - se o que escreveram dá continuidade ao que está na história;
   - se podem melhorar as rimas e os versos.
2. Reescrevam o que acharem necessário.
3. Aguardem a orientação da professora para apresentar os versos e as estrofes que fizeram.

Jogral

Cada grupo deverá ensaiar a apresentação do texto "Orquestra", com a continuação que produziram. Para o jogral, aguardem as orientações da professora.

Palavras em jogo

Separação de sílabas

Atividade oral e escrita

1 Fale as palavras a seguir em voz alta.

aranha	carrapato	sapo	orquestra

Separe as sílabas de cada palavra nos quadrinhos de acordo com o número de sílabas indicado. Depois, classifique as palavras conforme o número de sílabas de cada uma.

				→	3 ______
				→	2 ______
				→	4 ______
				→	3 ______

2 Leia as palavras dos quadros a seguir.

missa	irritada

a) Escreva as duas palavras separando as sílabas.

____

b) A separação de sílabas feita na escrita corresponde à separação feita na fala?

c) Separe as sílabas das palavras.

barro	______	assinatura	______
assado	______	amarrado	______

Unidade 2

Por que aprendemos a **separar as palavras em sílabas**?

Uma das razões é que, quando estamos escrevendo no caderno, às vezes as palavras não cabem na mesma linha. Então precisamos separar as sílabas da última palavra da linha e continuar a escrever na linha seguinte.

Por isso, precisamos pensar em como é possível separar as sílabas das palavras. Observe a imagem abaixo e a imagem ao lado.

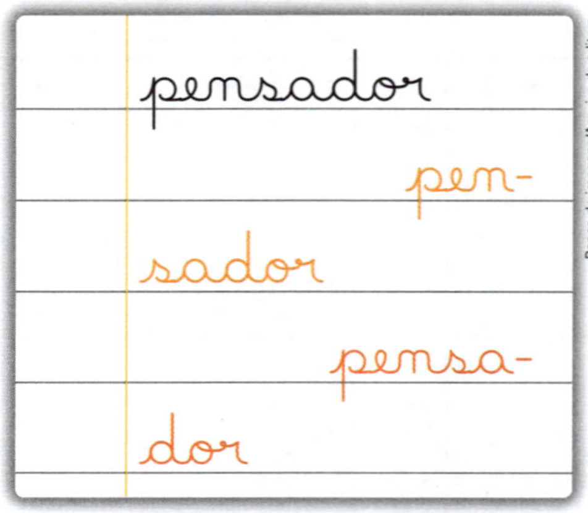

Banco de imagens/Arquivo da editora

Banco de imagens/Arquivo da editora

3 Faça o mesmo com as seguintes palavras:

trabalhador

alimento

chocolate

cachorro

4 Uma aluna copiou no caderno uma parte da história "A grande ideia". Observe a maneira como ela separou as sílabas de algumas palavras.

Lá estavam abelhas e zan-
gões, um casal de serelepes, ou-
tro de caracóis, o coelho e a
coelha, o pato e a pata, o sa-
po e a sapa.
Isto sem falar naqueles que
tinham chegado antes.

Ilustrações: Vanessa Alexandre/Arquivo da editora

Mary França e Eliardo França. **A grande ideia**. São Paulo: Ática, 1996. p. 11.

Agora você

Complete o texto abaixo com as palavras dos quadros. Separe as sílabas de forma adequada no final das linhas.

como	pela	nadar	fazem

O galo queria voar bem alto, ____-
____ um gavião.
Os caracóis queriam correr ____-
____ mata como um coelho.
As joaninhas queriam ____-
____ no fundo do rio, como ____-
____ as tartarugas no fundo do mar.

Mary França e Eliardo França. **A grande ideia**. São Paulo: Ática, 1996. p. 13.

Memória em jogo

Tente memorizar o trava-língua abaixo. Depois, brinque com os colegas para ver quem consegue falar rápido, sem errar, este trava-língua de muitos bichos.

Vanessa Alexandre/Arquivo da editora

O jovem José exagerou na mágica.
Sumiu com a jaqueta do jabuti, a japona do javali,
a geleia da jiboia, o jornal do jumento e a joia do jacaré.
José fugiu a jato no jipe.

Eva Furnari. **Travadinhas**. São Paulo: Moderna, 1994. p. 14.

Na página 293, veja se você consegue escrever esse trava-língua sem olhar o texto.

Assim também aprendo

As tirinhas apresentam muitas vezes situações em que diferentes sentidos de uma palavra aparecem em contraste, a fim de produzir um efeito cômico a partir da confusão estabelecida entre os significados possíveis.

- Veja se você consegue localizar nessa tirinha do Armandinho qual palavra é apresentada com sentidos diferentes.

© Armandinho, de Alexandre Beck/Acervo do cartunista

Alexandre Beck. **Armandinho**. Disponível em: <https://tirasarmandinho.tumblr.com/>. Acesso em: 9 abr. 2020.

O que estudamos

Autoavaliação

Pinte ou faça um **X** na coluna que mostra como você se saiu nesta unidade.

Unidade 2		Avancei	Preciso estudar mais
Gênero	Leitura e interpretação de **história em versos**		
	Identificação de características da história em versos		
	Produção de continuação para história em versos		
Estudo sobre a língua	Sentido real e sentido figurado das palavras		
	Separação de sílabas na fala e na escrita		
Oralidade	Participação nas atividades orais		

Sugestões de...

Livro

Reprodução/Editora Formato

***Papo de pato*, de Bartolomeu Campos Queirós, publicado pela editora Formato.**
Conheça a história de dois patos, o pato com penas e o pato sem penas, e divirta-se com as suas conversas.

CD

Reprodução/Universal Music Brasil

***Os Saltimbancos*, música e texto originais de Luis Enríquez e Sergio Bardotti, tradução e adaptação de Chico Buarque, produzido pela gravadora Universal Music Brasil.**
Fábula musical inspirada no conto "Os músicos de Bremen", dos Irmãos Grimm. O cachorro, a gata, o burro e a galinha, cansados de sua vida ao lado de pessoas muito insensíveis, decidem se unir e sair por aí, vivendo como músicos.

Unidade

3 Fábula

Nesta unidade você vai...

- ler e interpretar fábulas;
- comparar história em versos e história em prosa;
- produzir uma fábula a partir da escolha da moral;
- estudar a ordem das palavras na frase;
- estudar sons nasais: **-ão**, **til**, letra **N** e letra **M** antes de **P** e **B**;
- estudar pontuação nas frases e os significados que produz;
- participar de atividades orais.

- Que animal desta cena chamou mais a sua atenção? Por quê?
- Você acha que as ações desses animais da cena acontecem na realidade? Por quê?

Giz de Cera/Arquivo da editora

Para iniciar

Máscaras

Quando contamos uma história, há diferentes maneiras de representar um personagem. Podemos mudar a voz, fazer gestos, usar máscaras.

Faça uma máscara para brincar como se você fosse um leão.

Material

- 1 prato de papelão grande
- lápis
- canetas hidrográficas coloridas
- tesoura com pontas arredondadas
- palito de picolé
- fita adesiva

Modo de fazer

Passo 1 – desenhe a cara de um leão na parte interna do prato.

Passo 2 – pinte a cara do leão.

Passo 3 – corte tiras ao redor do prato para formar a juba e, depois, corte o buraco dos olhos.

Passo 4 – prenda o palito na máscara com fita adesiva.

Fotos: Edson Antunes/Arquivo da editora

Você sabia que o leão é chamado de Rei da Floresta?
Guarde a máscara e, depois de ler a história, veja como poderá usá-la.

Histórias com animais existem há muito tempo... Você conhece alguma história em que os animais agem como seres humanos?

E o que pode acontecer quando um mosquito resolve desafiar um leão? Leia para saber.

Leitura: fábula

O mosquito e o leão

Era uma vez um minúsculo mosquito. Um dia, voou até o leão, que quase não o enxergava, e lhe disse:

— Não tenho o mínimo medo de você. Gostaria de saber para que toda essa força colossal? Na realidade, sou mais forte que você. Se não acredita, vamos lutar para ver.

Dito isso, o mosquito tocou uma trombeta de guerra e se lançou na direção do leão para picar o seu focinho.

O leão sentiu as picadas e ficou muito furioso. Com muita vontade de esmagar o inseto, o que ele conseguiu, apenas, foi arranhar-se até o nariz sangrar.

O mosquito foi embora zumbindo, todo alegre e vaidoso. Porém a vitória foi curta. Distraído, voou direto para uma teia de aranha que o apanhou e comeu.

Depois de triunfar sobre o Rei da Floresta, foi parar na barriga de uma simples aranha.

Nem sempre são invencíveis os vitoriosos.

Esopo. **200 fábulas de Esopo**. Compilação de Vic Parker. Tradução de Silvia Schneider e Michelle Néris da Silva. Barueri: Girassol, 2014. p. 112-113.

Sobre o autor

Reprodução/Museu do Prado, Madri, Espanha.

Esopo viveu no século VI a.C., na Grécia. Ele teria sido escravo de um filósofo que ficou impressionado com sua inteligência e, por isso, deu-lhe a liberdade. Acredita-se que tenha viajado para o Egito e a Ásia contando histórias que foram transmitidas através das gerações, até os dias de hoje. São mais de 580 fábulas atribuídas a sua autoria.

Reprodução/Editora Girassol

Interpretação do texto

Atividade oral e escrita

1. O que aconteceu com o mosquito depois de desafiar o leão?

____

____

2. Nessa fábula, além dos **personagens**, há um **narrador** que conta a história. Copie nas linhas a seguir:

   a) uma frase que representa a fala do narrador.

   ____

   b) uma frase que seja a fala de um personagem.

   ____

3. Quem são os personagens dessa fábula? ______________________

4. Na atividade anterior você localizou a fala da personagem. Pinte no texto e copie a palavra que anuncia que o personagem vai falar.

____

5. Releia.

> **Era uma vez** um minúsculo mosquito. **Um dia**, voou até o leão [...]

Assinale a alternativa correta. As expressões destacadas indicam:

☐ um **tempo** indefinido no passado. ☐ o **tempo** presente.

6. Em que **lugar** você imagina que os fatos narrados na fábula aconteceram? Copie do texto uma palavra ou expressão que possa ter ajudado na resposta.

____

____

Unidade 3

7 Reescreva as frases substituindo as palavras destacadas por **sinônimos**, isto é, palavras diferentes com sentido semelhante.

a) Era uma vez um **minúsculo** mosquito.

____

b) [...] para que toda essa força **colossal**?

____

c) O leão sentiu as picadas e ficou muito **furioso.**

____

d) Depois de **triunfar** sobre o Rei da Floresta, foi parar na barriga de uma simples aranha.

____

____

8 Marque um **X** na alternativa que explica o comportamento do mosquito.

- [ ] Queria se vingar de algo que o leão lhe fizera.
- [ ] Era vaidoso e queria sentir-se superior ao leão.
- [ ] Queria envergonhar o leão diante de outros animais.

9 Por que o leão não conseguiu "esmagar" o inseto?

____

____

10 As fábulas geralmente são histórias curtas e ensinam algo. Por isso, algumas trazem uma **moral da história**, isto é, um ensinamento que costuma aparecer no final da história.

A **moral** da fábula "O mosquito e o leão" é:

Nem sempre são invencíveis os vitoriosos.

a) De que outra maneira essa moral pode ser escrita? Converse com os colegas.

b) Escreva uma frase que possa substituir a moral do texto.

____

____

11 Numere as frases de acordo com a ordem dos acontecimentos na história.

[ ] O mosquito voou direto para a teia de uma aranha.

[ ] O leão sentiu as picadas e ficou furioso.

[ ] O mosquito tocou uma trombeta de guerra.

[ ] O mosquito voou até o leão para desafiá-lo.

[ ] O leão se arranhou e seu focinho sangrou.

[ ] O mosquito foi até o leão e começou a picá-lo.

Vanessa Alexandre/Arquivo da editora

Hora de organizar o que estudamos

Juntos selecionem do quadro a seguir as palavras ou expressões que podem preencher os espaços no esquema.

lições para a vida	personagem	entreter

Fábula

História geralmente curta, muitas vezes com personagens animais que agem como seres humanos e que apresenta uma moral

Intenção/finalidade	Organização do texto	Leitor/público
• Apresentar uma lição • ____________	• ações ou fatos encadeados • ____________ • narrador • indicações de tempo e de espaço • moral da história	• Quem quer ler para se divertir ou pensar • Quem gosta de tirar ____________ de histórias lidas

Comparando os textos: história em versos e história em prosa

Na unidade anterior, você leu a história em versos "Orquestra".

Vamos compará-la com a fábula "O mosquito e o leão".

1 Marque um **X** no texto em que a característica indicada ocorre.

Característica	"Orquestra"	"O mosquito e o leão"
O texto é contínuo: as frases vão até o final da linha.		
O texto é dividido em estrofes e versos.		
Algumas palavras rimam.		
A história tem tempo indefinido: pode começar com **Certa vez...** ou **Era uma vez...**.		
Há narrador e personagens.		

2 Qual dos dois textos não pode ser chamado de poema? Por quê?

____

____

O texto organizado em linhas contínuas, isto é, com frases que vão até o fim de uma linha e continuam na seguinte, é chamado **texto em prosa**.

No texto em prosa há também **parágrafos**.

3 Quantos parágrafos há no texto "O mosquito e o leão"? ____________

4 Você identificou falas do narrador e de um personagem no texto "O mosquito e o leão".

Como aparecem o narrador e o personagem no texto em versos? Releia esta estrofe do poema "Orquestra".

> Os sapos cantam até tarde,
> alguém já vem reclamar:
> — Amanhã acordo cedo,
> vamos, parem de cantar!

a) Pinte de **azul** os versos que pertencem ao narrador.

b) Pinte de **verde** as falas que pertencem ao personagem.

Hora de organizar o que estudamos

Leiam juntos o esquema a seguir.

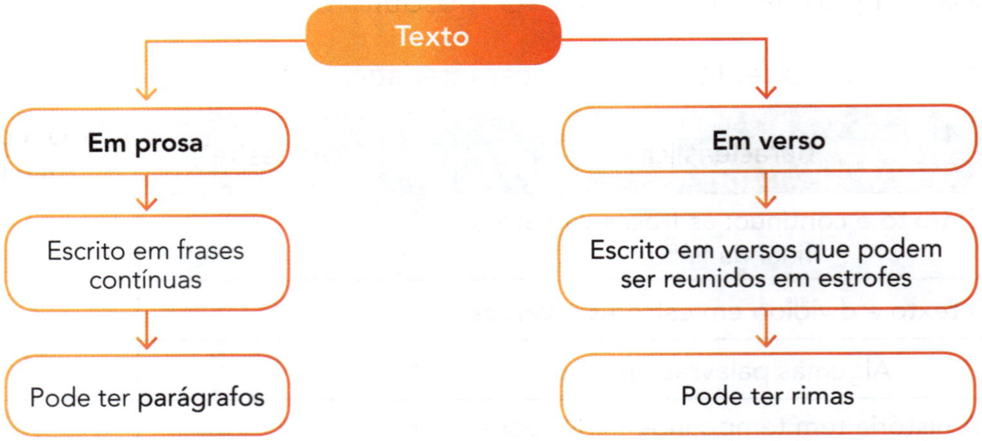

Tecendo saberes

1. Você leu uma fábula em que um mosquito pica o nariz de um leão. Nós também podemos ser picados por mosquitos, uma vez que eles estão cada vez mais numerosos nas cidades, e as picadas podem nos trazer doenças. Leia o texto a seguir.

> Zika, chikungunya e dengue. Três doenças, um mosquito transmissor: *Aedes aegypti*. Trata-se de um inseto superpoderoso? Nada disso! Ele apenas tem as características necessárias para conservar no seu organismo os vírus que causam essas doenças e acaba por transmiti-los quando pica as pessoas.
>
> [...]
>
> Pouca gente sabe que a maioria dos mosquitos tem origem em áreas silvestres. Eles foram ganhando espaço nas cidades porque perderam as matas, seu ambiente original. Se conservássemos o verde, conservaríamos também o hábitat dos mosquitos e, consequentemente, a nossa saúde. Como não fazemos isso, os mosquitos se adaptam e se multiplicam em novos espaços, cada vez mais perto de nós, que agora queremos saber como eliminá-los.
>
> Tamara Nunes de Lima Camar. **Por que alguns mosquitos são transmissores de doenças?**. Disponível em: <http://chc.org.br/por-que-alguns-mosquitos-sao-transmissores-de-doencas/>. Acesso em: 4 fev. 2020.

2. Agora, conversem: Como podemos nos proteger da picada desses mosquitos?

Outras linguagens

Na fábula que você leu, o mosquito acabou na barriga da aranha. Agora, leia esta fábula contada em forma de tirinha.

© Fernando Gonsales/Acervo do cartunista

Fernando Gonsales. Níquel Náusea. **Folha de S.Paulo**. 27 jul. 2016. Ilustrada, C5.

O que aconteceu com a mosca? Converse com os colegas.

Prática de oralidade

Conversa em jogo

Vencer sempre?

Na fábula "O mosquito e o leão", o mosquito não parece ter motivos justificados para provocar e picar o leão. Suas razões parecem ser apenas a vontade de se sentir superior ao Rei da Floresta.

Vencer sempre, sem se importar se magoa ou fere outras pessoas: O que isso pode causar na convivência com o outro?

Você conhece alguma história em que alguém quer sempre vencer os outros, custe o que custar?

Conte a história para os colegas e ouça com atenção o que eles têm a dizer.

Dramatização

Organizem-se para uma dramatização.

1. Escolham quem vai representar cada personagem e quem será o narrador.
2. Criem uma fala para o leão.
3. Releiam a fábula "O mosquito e o leão" e memorizem as ações e as falas de cada um:

Edson Antunes/Arquivo da editora

- Narrador: memorize ou leia sua parte de forma clara, atentando para a expressividade ao falar cada frase.
- Personagens: falem de forma clara, sempre com o rosto voltado para quem assiste, para que sua fala seja bem compreendida.

4. Revejam na seção **Para iniciar**, página 64, como fazer uma máscara de leão. Se quiserem, criem uma máscara para o mosquito, usando pratos de papelão.
5. Ensaiem a dramatização e aguardem a vez de o grupo se apresentar.
6. Durante a apresentação, procurem falar com naturalidade, com tom de voz alto e claro o suficiente para serem ouvidos pelo público.
7. Façam gestos próprios dos personagens e, sempre que possível, evitem ficar de costas para o público. Boa apresentação!

Aí vem... fábula

Vamos ler agora uma fábula que ficou muito conhecida através dos tempos e em que os personagens são seres humanos.

O feixe de varas

Era uma vez um velho que tinha muitos filhos.

Sabendo que sua morte estava próxima, juntou todos eles para deixar-lhes conselhos.

O homem pediu aos criados que trouxessem um feixe de varas amarradas e disse ao filho mais velho: "Veja se consegue quebrá-lo". O menino tentou e tentou, mas seus esforços foram inúteis.

O homem, então, pediu para que o segundo tentasse... e o outro... e o outro... Todos tentaram, mas nenhum deles conseguiu.

"Agora, desatem o nó", disse o pai; e assim foi feito. Pediu que cada um pegasse uma vara e continuou: "tentem quebrá-la". Dessa vez, todos conseguiram parti-la ao meio sem nenhum esforço.

"Agora vocês entendem o que eu quero dizer!", disse o pai, satisfeito por ter deixado aos filhos uma bela lição.

A união faz a força.

Esopo. **200 fábulas de Esopo**. Compilação de Vic Parker. Tradução de Silvia Schneider e Michelle Néris da Silva. Barueri: Girassol, 2014. p. 432-433

Adilson Farias/Arquivo da editora

Produção de texto

Fábula

Agora vocês vão escrever outra fábula. A seguir, há frases usadas como moral de fábulas conhecidas. Leiam juntos e conversem sobre o que podem significar.

- A união faz a força.
- Quem tudo quer tudo perde.
- Às vezes, a sorte aparece de onde menos se espera.
- Um por todos, todos por um.
- Quem vê cara não vê coração.

Planejamento

Conversem sobre alguns elementos importantes para planejar a história:

1. Escolham uma moral para criar uma história.
2. Imaginem uma história curta que termine com a moral indicada.
3. Pensem:
   - em personagens, que podem ser animais ou seres humanos;
   - em como a história pode começar;
   - no que acontecerá;
   - em como terminará a história para que a moral fique adequada.
4. Considerem ainda os pontos a seguir:
   - para quem vocês vão escrever o texto: isso vai ajudá-los a definir o estilo da escrita: mais formal ou mais informal;
   - para que vocês vão escrever: entreter, ensinar algo, emocionar o leitor;
   - como vão organizar o texto: parágrafos, diálogos, pontuação.

Escrita

1. Faça um rascunho da fábula e troque-o com um colega.
2. Cada um deve ler o texto do colega com atenção para indicar o que deve ser alterado: algo que esteja confuso ou que não atenda à proposta, por exemplo.

Revisão, reescrita e edição

1. Verifique se seu texto está pronto para ser passado a limpo.
   - Os personagens estão bem caracterizados?
   - Os fatos e os acontecimentos estão adequados à moral proposta?
   - Os diálogos estão organizados com verbos que anunciam a fala dos personagens?
   - Você prestou atenção à pontuação: uso de travessões, pontos finais, etc.?
   - O que você quis dizer está claro?
2. Releia o texto e reescreva-o em uma folha de papel.
3. Depois de revisado e reescrito nos pontos necessários, edite o texto, elaborando seu formato final para publicação. Se for possível, o texto para publicação poderá ser digitado.

Produção de livro de fábulas

Que tal fazer um livro com as fábulas produzidas pela classe?

1. Vocês usarão o texto reescrito para compor o livro. Se desejarem, digitem o texto.
2. Ilustrem suas fábulas com desenhos ou colagens.
3. Reúnam as fábulas em um livro e criem uma capa para ele.
4. Depois de terminado, façam uma roda de leitura para cada um ler a sua história.
5. Façam um rodízio: cada dia um aluno leva o livro para casa. Assim, todos poderão ler, com outras pessoas, as fábulas produzidas pelos colegas.

LB Ilustrações/Arquivo da editora

Língua: usos e reflexão

Frase: ordem das palavras

1 Releia o trecho da fábula "O mosquito e o leão".

> O leão sentiu as picadas e ficou muito furioso. Com muita vontade de esmagar o inseto, o que ele conseguiu, apenas, foi arranhar-se até o nariz sangrar.

a) Para contar o número de frases, observe quantos pontos finais há. Agora responda: Quantas frases há nesse trecho? ______________________

b) Circule as palavras iniciadas por letra maiúscula.

Nesse trecho, as palavras iniciadas por letra maiúscula começaram frases.

2 Observe os pontos finais e as letras maiúsculas no trecho a seguir.

> O mosquito foi embora zumbindo, todo alegre e vaidoso. Porém a vitória foi curta. Distraído, voou direto para uma teia de aranha, que o apanhou e comeu.

Quantas frases há nesse trecho?

____

3 Releia mais um trecho da fábula.

> Depois de triunfar sobre o Rei da Floresta, foi parar na barriga de uma simples aranha.

Todas as letras maiúsculas iniciam frases? Explique.

____

____

4 Agora, releia a fala do mosquito.

> — Não tenho o mínimo medo de você. Gostaria de saber para que toda essa força colossal? Na realidade, sou mais forte que você. Se não acredita, vamos lutar para ver.

a) Quantas frases há nesse trecho? ______________________

b) Pinte de **azul** os sinais de pontuação que indicam o fim de uma frase.

Para melhor organizar as frases, para que sejam claras e transmitam o que desejamos, precisamos atentar à **ordem das palavras**.

5 As palavras a seguir devem formar uma frase. Coloque-as em ordem e descubra as frases. Não se esqueça de pontuar!

a) leão mosquito o tentou O esmagar

____

b) teia foi aranha O parar na mosquito da

____

c) lição O filhos deixar os velho queria uma para

____

d) força faz união A a

____

6 Releia as frases da atividade anterior e responda:

a) O que acontece com as frases quando as palavras estão desorganizadas?

____

____

b) O que você observou para colocar as frases em ordem?

____

Para comunicar bem as ideias, as frases precisam estar bem organizadas. A **ordem das palavras** e a **pontuação** são importantes para ajudar as frases a ficarem claras.

Hora de organizar o que estudamos

Leiam juntos o esquema a seguir.

Frase

- Palavras em ordem para comunicar ideias
- Geralmente iniciada por letra maiúscula
- Geralmente tem sinal de pontuação no final

Palavras em jogo

Sons nasais: sílabas com -ão

Leia uma frase da fábula "O mosquito e o leão".

> O **leão** sentiu as picadas e ficou muito furioso.

a) Encontre e pinte as palavras que terminam como **leão**.

I	M	Ã	P	T	B	A	L	Ã	O	E	V	Ã	O
P	Ã	O	L	B	O	T	Ã	O	E	P	I	Ã	O
Z	A	S	A	B	Ã	O	T	C	Ã	O	G	F	D

b) Escreva as palavras que você encontrou.

____

____

Plural de palavras terminadas em -ão

Observe a quantidade de cada imagem e leia.

Singular	Plural
 leão	 leões
 irmão	 irmãos
 cão	 cães

Ilustrações: Vanessa Alexandre/Arquivo da editora

Compare o plural das palavras e escreva uma conclusão no caderno.

Outras letras para os sons nasais

As palavras a seguir têm sons nasais indicados de formas diferentes. Leia-as e copie-as na coluna correspondente.

empada	maçã	computador	banco
canguru	pão	tubarão	cachimbo

Som nasal indicado por til	Som nasal indicado por N	Som nasal indicado por M

Letra M antes de P e de B

Atividade oral e escrita

1 Juntos, observem no quadro da atividade acima as palavras que têm som nasal indicado por M. Circulem as letras que vêm depois do M e escrevam-nas a seguir.

____

2 Leiam as palavras do quadro e circulem as letras que vêm depois da letra M.

campo	tempo	bomba
Humberto	tampa	bumbo

3 Formulem, juntos, uma regra para o uso da letra M nessas palavras.

a) Conversem sobre essa regra. A professora registrará na lousa.

b) Copiem abaixo o que foi registrado.

____

____

4 Usar M ou N?

Corrija as palavras acrescentando M ou N.

a) setebro: ____________________

b) xapu: ____________________

c) bado: ____________________

d) lipo: ____________________

e) veto: ____________________

f) ubigo: ____________________

g) dete: ____________________

5 Complete a cruzadinha.

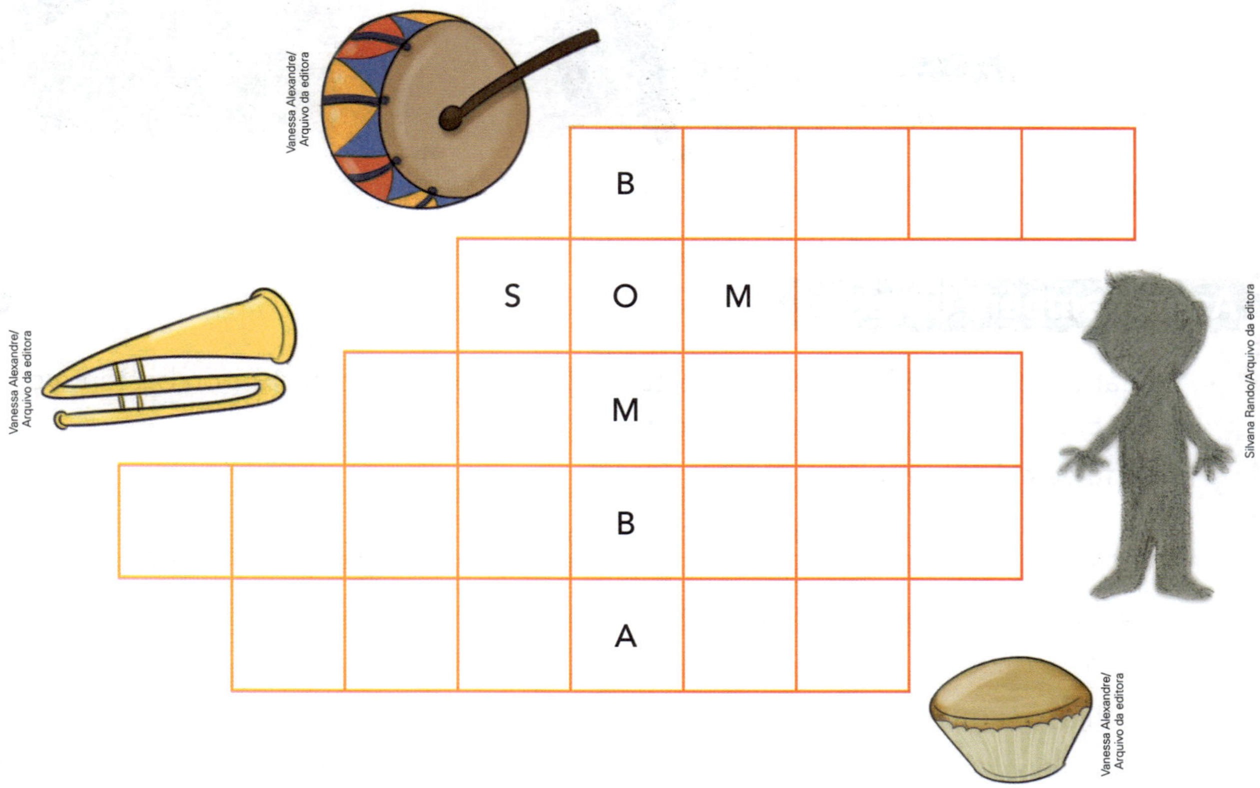

Vanessa Alexandre/Arquivo da editora

Vanessa Alexandre/Arquivo da editora

Silvana Rando/Arquivo da editora

Vanessa Alexandre/Arquivo da editora

6 Em que palavra da cruzadinha um som nasal indicado por M não vem antes de P nem de B? ____________________

Memória em jogo

Procure memorizar o trecho do poema a seguir e escreva-o na página 294.

Orangotango

Ora esta agora,
Você tocando tango!...
Pra alegrar a cara
Sempre emburrada
Do orangotango
[...]

Elias José. **Um jeito bom de brincar**. São Paulo: FTD, 2002. p. 16.

Vanessa Alexandre/Arquivo da editora

Assim também aprendo

- Na fábula que você leu no início desta unidade, o mosquito perturbou bastante o leão. E quando um mosquito resolve perturbar nosso sono?

  Divirta-se com a piada:

O menino chama a mãe durante a noite porque não consegue dormir.

– Mãe, os mosquitos não me deixam dormir!

E a mãe diz:

– Filho, apague a luz. Assim os mosquitos irão embora.

Logo depois entra um vaga-lume no quarto. O menino grita:

– Mãe! Socorro! Agora um mosquito veio com lanterna!

Domínio público

O que estudamos

Autoavaliação

Pinte ou faça um **X** na coluna que mostra como você se saiu nesta unidade.

Unidade 3		Avancei	Preciso estudar mais
Gênero	Leitura e interpretação de **fábula**		
	Produção de fábula a partir da moral		
	Identificação de elementos da fábula: personagem, tempo, espaço, narrador, ações		
	Organização de diálogos e parágrafos da história		
Estudo sobre a língua	Ordem das palavras na frase e pontuação		
	Sons nasais: sílabas terminadas em -ão		
	Plural de palavras terminadas em -ão		
	Uso do til		
	Outras letras para indicar sons nasais		
	Letra M antes de P e de B		
Oralidade	Participação nas atividades orais		

Sugestões de...

Livros

Fábulas tortas, **de Dilea Frate, publicado pela editora Companhia das Letrinhas.**

Em um mundo meio torto, cheio de desafios e problemas, passam-se essas histórias de encontros inesperados. O que fará a Felicidade diante das pedras que a Dificuldade coloca em seu caminho? Leia o livro para saber.

Reprodução/Editora Companhia das Letrinhas

Fábulas, **de Monteiro Lobato, publicado pela editora Globo.**

As histórias são narradas por Dona Benta e sempre estão acompanhadas de perguntas e críticas inteligentes da turma do Sítio do Picapau Amarelo.

Reprodução/Editora Globo

Unidade

4 História em quadrinhos

Nesta unidade você vai…

- ler e interpretar história em quadrinhos (HQ);
- identificar alguns recursos das histórias em quadrinhos;
- produzir balões de fala para HQ;
- estudar algumas diferenças entre a língua falada e a língua escrita;
- estudar a tonicidade das palavras;
- conhecer algumas regras de acentuação de palavras;
- estudar o uso de C e Ç;
- participar de atividades orais.

LB Ilustrações/Arquivo da editora

- Que tipo de histórias você mais gosta de ler? Por quê?
- De que você gosta mais: histórias com ou sem imagens? Explique.
- Observe a cena e responda: Que tipo de histórias podem ser essas?

Para iniciar

Histórias com imagens

Será que é possível criar histórias só com uma sequência de imagens?
As imagens a seguir estão fora da sequência criada pelo cartunista Ziraldo. Como você imagina que seria a sequência correta dos quadrinhos dessa história?

Ziraldo. **A Menina Maluquinha**. n. 25, ago. 2007. p. 19.

- Reúna-se com dois colegas.
- Conte a história que você criou e ouça as histórias dos colegas.
- É a mesma história ou cada um de vocês criou uma história diferente?

Histórias em quadrinhos podem trazer personagens surpreendentes.

Você já ouviu falar em dinossauros?

E tiranossauros, que eram dinossauros que só comiam carne?

Na história em quadrinhos que você vai ler, há dois tiranossauros diferentes: eles não comem carne. O que será que vai acontecer?

Em silêncio, leia a história em quadrinhos a seguir. Observe as imagens e os sinais de pontuação que aparecem para melhor compreender a história. Se precisar, peça ajuda a um colega ou à professora.

Leitura: história em quadrinhos

Mauricio de Sousa. **Piteco & Horácio**. n. 9. Barueri-SP: Panini Comics, mar. 2013. p. 26-27.

Sobre o autor

Mauricio de Sousa (1935) nasceu na cidade de Santa Isabel, no estado de São Paulo. Ele é um dos mais famosos cartunistas brasileiros. Criou a Turma da Mônica e vários outros personagens de história em quadrinhos.

Interpretação do texto

Atividade oral e escrita

1 Agora, leiam a história juntos. Depois, numerem os quadrinhos na ordem em que foi lida.

2 Observe as imagens dos quadrinhos.

a) Em que **lugar** a história ocorre?

____

b) Essa história se passa no **tempo** dos dinossauros. Ela traz pistas para sabermos em que **momento do dia** os fatos acontecem. Que pistas são essas?

____

____

____

3 Escreva o nome dos dois **personagens** dessa história.

____

4 Nas unidades anteriores, vimos histórias em que a fala dos personagens era iniciada por travessão.
Na história em quadrinhos que você leu, as falas estão dentro de **balões**.
Nos quadrinhos a seguir, pinte:

- de amarelo quando o balão for a fala de Horácio;
- de azul quando a fala for de Tecodonte.

5 Releia o quadrinho abaixo.

Copie no quadro a seguir uma das palavras que Horácio usa para falar sobre a alface que está comendo.

6 Agora, releia outro quadrinho.

Leia em voz alta o que está escrito no balão. O que essa expressão indica?

7 Observe Horácio e os sinais de pontuação que estão nos balões apontados para ele. Depois, pinte os quadrinhos que podem indicar o que a fala de Tecodonte provocou em Horácio.

- [ ] medo
- [ ] espanto
- [ ] raiva
- [ ] dúvida
- [ ] surpresa
- [ ] alegria

8 Tecodonte parece exagerar na forma como chama a atenção de Horácio.

a) Escolha uma expressão usada pelo personagem que mostra esse exagero e explique por que é exagerada.

______

______

______

______

b) Por que Tecodonte exagerou tanto?

______

______

9 Releia estas falas.

Ah, **vá**, Tecodonte!

Tá na hora do meu almoço!

Tá bem!

... mas não dá, **né**, Horácio?!

a) Marque a alternativa adequada.
Os termos destacados são mais utilizados:

☐ na língua escrita. ☐ na língua falada.

b) Justifique sua resposta à questão **a**. Converse com os colegas.

10 Releia o quadrinho 8.

Copie dos balões de fala de Horácio as palavras que indicam que ele comeu os talinhos de alface que sobraram.

______

______

______

11 No quadrinho abaixo não há falas. Observe Horácio e Tecodonte para entender o que aconteceu.

© Mauricio de Sousa/Mauricio de Sousa Editora Ltda.

a) Escreva a letra **H** para o que Horácio está expressando e **T** para Tecodonte.

☐ surpresa	☐ indignação	☐ irritação
☐ vergonha	☐ susto	☐ constrangimento

b) Observe o que você assinalou para cada personagem na questão **a** e complete as frases.

- Horácio ficou assim porque...

____

____

- Tecodonte ficou assim porque...

____

____

12 Releia o último quadrinho e responda no caderno.

© Mauricio de Sousa/Mauricio de Sousa Editora Ltda.

a) O que Tecodonte quis dizer?

b) Provavelmente Horácio sabia que Tecodonte não comeria as cascas. Por que, então, fez a pergunta?

13 Conversem e respondam: Qual foi o assunto da história entre os dois personagens?

Hora de organizar o que estudamos

Leiam juntos o esquema, conversem sobre ele e completem o quadro sobre o tipo de leitor que aprecia as histórias em quadrinhos:

História em quadrinhos (HQ)

↓

História contada por meio de texto verbal e de recursos visuais

↓

Intenção/finalidade
- entreter
- divertir

Organização do texto
- texto nas linguagens verbal e visual
- balões de fala e de pensamento
- palavras que imitam sons
- geralmente a linguagem é mais próxima da língua falada.

Leitor/público
- ______________________

____

____

Prática de oralidade

Conversa em jogo

Falar é fácil; fazer é que é difícil

A frase acima é um provérbio popular: uma frase curta para expressar algum tipo de ensinamento ou crítica.

Para pensar sobre o sentido desse provérbio vamos ver a situação de nossa sala de aula e conversar a respeito.

1. Vamos relembrar nossos combinados principais para as atividades orais e escrever em um quadro no caderno, seguindo este modelo:

Quadro dos combinados
____

2. Quais desses combinados parecem mais difíceis de seguir? Por quê?
3. Vocês discordam do provérbio ou concordam com ele?

Tecendo saberes

Leia o trecho de uma notícia.

Casca, talo e sementes são ingredientes saudáveis e gostosos; veja como usá-los

alicjane/Shutterstock

Partes desperdiçadas dos alimentos possuem mais nutrientes importantes para o bom funcionamento do organismo que aquelas consideradas nobres, mais conhecidas e consumidas.

Sopa de talo? Suco de casca de fruta? Farinha de semente? Pode parecer estranho, mas essas receitas existem e são gostosas e saudáveis. Além disso, em épocas como a atual, em que os gastos com a alimentação estão altos, representam economia, pois evitam o desperdício, aproveitando tudo de bom que o alimento tem a oferecer.

O que geralmente vai para o lixo, como o talo, a semente e as cascas de frutas e vegetais, pode – e deve – ser aproveitado. Afinal, eles são ricos em vitaminas e fibras, podendo ter até 40 vezes mais nutrientes do que a própria fruta, verdura ou legume. [...]

Chris Bueno. UOL-São Paulo. Disponível em: <https://noticias.uol.com.br/saude/ultimas-noticias/redacao/2013/05/08/casca-talo-e-sementes-sao-ingredientes-saudaveis-e-gostosos-veja-como-usa-los.htm>. Acesso em: 4 fev. 2020.

- Compare a notícia que acabou de ler com a história em quadrinhos. O que é possível afirmar sobre os talos desperdiçados por Horácio?

  Você já comeu alimentos com cascas, talos ou sementes? Que tal levar uma receita para quem cozinha em sua casa?

Sopa de fubá com talos e folhas

Ingredientes

- 2 xícaras (chá) de talos bem lavados
- 2 batatas picadas
- 1 cenoura picada
- 1 1/2 litro de água
- 1 xícara (chá) de fubá
- temperos e sal a gosto

Modo de preparo

Picar bem os talos ou batê-los no liquidificador com um pouco de água. Numa panela, colocar os talos, os demais ingredientes e levar ao fogo para cozinhar até que os legumes estejam macios. Preparar com talos de acelga, couve, agrião, folhas de beterraba, cenoura, nabo, rabanete, etc.

Banco de imagens/Arquivo da editora

Mesa Brasil, Sesc-SP. In: *Site* do Instituto Akatu. Disponível em: <www.akatu.org.br/noticia/receita-sirva-no-jantar-sopas-nutritivas-de-folhas-talos-e-cascas-de-legumes/>. Acesso em: 4 fev. 2020.

Produção de texto

Criação de diálogos para história em quadrinhos

Planejamento e escrita

1. Na história que você lerá a seguir, faltam as falas nos balões.

a) Observe os quadrinhos.

b) Preste atenção nas ações de cada personagem.

c) Pense: o que acontece em cada quadrinho?

d) Como pode ser a conversa entre os personagens?

e) Escreva o que os personagens podem ter falado ou pensado.

Dica: No último quadrinho, as bolinhas do balão indicam que o personagem está pensando.

Charles Schulz. **Snoopy:** assim é a vida, Charlie Brown!. Tradução de Cassia Zanon. Porto Alegre: L&PM, 2013. v. 3. p. 38. (Adaptado.)

Revisão e reescrita

1. Releia cada fala que você escreveu.
2. Confira se as palavras foram escritas corretamente.
3. Verifique se a pontuação das frases está de acordo com a entonação ou o sentido que você quis registrar.
4. Veja se está fácil de entender o que você escreveu nos balões: se está legível, se as palavras estão "espremidas", se está faltando alguma frase.

Troca de histórias

1. Troque de livro com um colega e leia o que ele escreveu nos balões.
2. Converse com seu colega sobre o que observou nos balões que ele produziu:
   - como está a escrita das palavras;
   - se a pontuação dá expressividade à fala;
   - se o texto está de acordo com os fatos expressos nas imagens.
3. Seu colega fará as mesmas observações sobre seu texto.

Revisão final

Com base nas observações do colega, faça as alterações que considerar adequadas para a melhoria do texto final.

Roda de histórias

Com a turma organizada em círculo, cada aluno deverá ler a sua versão da história. Divirtam-se.

Outras linguagens

Você leu uma história em quadrinhos com Horácio e Tecodonte, personagens do cartunista Mauricio de Sousa.

Criador da Turma da Mônica e de vários outros personagens de histórias em quadrinhos, Mauricio lançou um livro de pinturas em que relacionou seus personagens com obras de arte famosas.

Veja como ele criou versões das personagens Magali e Mônica baseando-se na obra de um importante artista plástico, Auguste Renoir, pintor que viveu na França entre 1841 e 1919.

A pintura original de Renoir está exposta em um museu brasileiro, o Masp (Museu de Arte de São Paulo), em São Paulo (SP).

1 Compare as duas pinturas e observe o que há em comum entre elas. Se você tivesse de escolher sua pintura preferida, qual das duas obras escolheria? Por quê?

Magali e Mônica de rosa e azul, de Mauricio de Sousa, 1989. Acrílico sobre tela, 115 cm × 95 cm.

Rosa e azul, de Auguste Renoir, 1881. Óleo sobre tela, 119 cm × 74 cm.

2 Converse com os colegas: Vocês conhecem obras de arte? Quais? Onde vocês as viram? O que acharam delas?

Língua: usos e reflexão

Onomatopeias: palavras que imitam sons

Atividade oral e escrita

Releia o quadrinho abaixo.

Leia as palavras que estão imitando o som de Horácio comendo:

CHOMP! CHOMP!

Nas histórias em quadrinhos, é comum serem usadas palavras que imitam os sons. Essas palavras são chamadas de **onomatopeias**.

1 Leia a história a seguir.

Mauricio de Sousa. **Mônica**. n. 314, Banco de Imagens MSP.

2 O que aconteceu nessa história? Converse com os colegas.

3 Converse com os colegas sobre o som que cada uma das **onomatopeias** a seguir quer reproduzir.

TOIIIMM	CRÁS	VRRUUM	CROCH

4 Faça uma lista de outras palavras que representam sons.

____

____

Língua falada e língua escrita

Junção, redução de palavras, hesitações e pausas na fala

Na história de Horácio, vimos alguns jeitos de falar que são próprios do uso cotidiano, isto é, do nosso dia a dia. Releia o quadrinho a seguir.

Né? é a forma abreviada de **não é?** usada na **fala espontânea**, aquela que acontece entre amigos, colegas, familiares, isto é, em situações **informais** de comunicação.

Na fala, é muito comum reduzir palavras. Observe:

Tá bem!

... mas não dá, **né**, Horácio?!

Agora você

1 Nos quadrinhos a seguir, Denise quer ajudar sua amiga Mônica a mudar algumas atitudes. Leia e veja o que acontece.

[...]

Mauricio de Sousa. **Mônica**. n. 26. Barueri-SP: Panini Comics, fev. 2009. p. 8-14.

a) Você já conhecia a expressão "pavio curto"? O que ela quer dizer?

____

b) Denise fala que dará uma "aula de autocontrole". O que pode significar **autocontrole**?

____

c) Releia as falas de Denise.

Mô, você não precisa ficar brava por qualquer coisa!

Não! Você não tem é pavio, **fófis**!

O que querem dizer os termos destacados?

____

d) Que sentimentos Denise expressa com essas formas de chamar a amiga?

____

e) Observe:

Pó parar!

Que **troço** mais bobo!

As expressões destacadas são comuns na língua falada. Reescreva as frases substituindo essas expressões por outras que você conhece. Faça adaptações nas frases, se necessário.

____

____

Outra característica da fala informal, que usamos no dia a dia, é a **hesitação**, a pausa para pensar, a possibilidade de não completar o pensamento.

Releia o quadrinho em que a fala de Mônica vem sinalizada com **...** .

O sinal de pontuação que marca essa hesitação, essa pausa na fala, é chamado de **reticências**.

2 Releia as falas de Horácio e de Tecodonte nos quadrinhos a seguir e circule o sinal de reticências.

a) Como cada uma das frases pode ser lida em voz alta?

b) Assinale os sentidos que as reticências podem dar às frases dos quadrinhos.

- [ ] deixar alguma coisa no ar
- [ ] demonstrar admiração
- [ ] demonstrar dúvida
- [ ] deixar o ouvinte completar algum sentido
- [ ] mostrar insegurança ou hesitação

É o **falante** – o que fala – quem **escolhe a linguagem** para empregar nas diversas situações e dá a ela a **entonação** e o **ritmo** que considera melhores para alcançar sua intenção. Não há linguagem mais certa ou mais errada. A escolha do que utilizar dependerá:

- da **situação** em que você está;
- da **intenção** que você tem ao falar;
- do **destinatário** da sua fala ou escrita, isto é, a quem você se dirige;
- do seu **jeito de se expressar**.

Lembre-se: Cada pessoa tem um modo próprio de se expressar. Por isso, deve-se sempre respeitar o jeito de cada um.

Palavras em jogo

Tonicidade das palavras

1 Leiam as palavras a seguir e circulem a sílaba que é falada com mais intensidade, isto é, com um pouco mais de força.

VOCÊ DENISE MÔNICA

Agora leiam as palavras outra vez observando o esquema.

VO CÊ DE NI SE MÔ NICA

Toda palavra tem uma sílaba que é pronunciada com mais intensidade, com mais força. Leia as palavras acima em voz alta.

2 Leiam as palavras a seguir e façam um círculo na sílaba mais forte de cada palavra.

AMIGA AJUDAR ESPÍRITO

A sílaba pronunciada com mais intensidade é chamada de **sílaba tônica**.

3 As sílabas de cada linha do quadro a seguir formam palavras. Leia as palavras formadas e circule a sílaba tônica de cada uma delas.

Outras sílabas	Antepenúltima sílaba	Penúltima sílaba	Última sílaba
		VO	CÊ
	A	JU	DAR
	A	MI	GA
	DE	NI	SE
	MÔ	NI	CA
ES	PÍ	RI	TO

A posição da sílaba tônica é sempre observada da última sílaba para o começo da palavra.

Por que será que isso acontece?

Para responder, façam o desafio: Quem consegue encontrar uma palavra com a sílaba tônica antes da antepenúltima sílaba?

Pois é, não há na língua portuguesa palavras com a sílaba tônica antes da antepenúltima sílaba.

Assim, para classificar as palavras de acordo com a posição da sílaba tônica, vamos considerar apenas até a antepenúltima sílaba. Veja:

VOCÊ	AJUDA	MÔNICA
última	**penúltima**	**antepenúltima**

Dependendo da posição da sílaba tônica, a palavra recebe uma classificação diferente.

Oxítona: se a sílaba tônica da palavra for a **última**.
Paroxítona: se a sílaba tônica da palavra for a **penúltima**.
Proparoxítona: se a sílaba tônica da palavra for a **antepenúltima**.

Hora de organizar o que estudamos

Leiam juntos o esquema a seguir e completem com um exemplo de cada tipo de palavra.

Tonicidade das palavras

↓

Sílaba tônica: sílaba pronunciada de forma mais intensa

↓

Classificação

oxítona	paroxítona	proparoxítona
______________	______________	______________

Acentuação de palavras

Acentuação das oxítonas

Atividade oral e escrita

1 Observe que a palavra VOCÊ tem um acento gráfico.

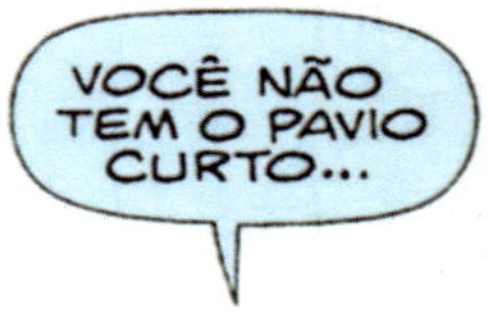

Esse acento gráfico chama-se **circunflexo**.

Por que será que esse acento é utilizado?

2 Leiam estas palavras e façam um círculo na sílaba tônica de cada uma delas.

CAQUI SOFÁ URUBU CAFÉ VOVÓ
VOVÔ VOCÊ AQUI SAGU

a) Completem: De acordo com a posição da sílaba tônica, todas essas palavras são: ______________________.

b) Observem que algumas palavras têm acento gráfico e outras não.
Qual regra poderíamos escrever observando as terminações dessas palavras que receberam acento gráfico?

____

c) Vejam que foram empregados dois tipos de acento:

^	´
acento circunflexo	acento agudo

Falem em voz alta e respondam: Por que o acento gráfico mudou?

VOVÔ VOVÓ VOCÊ CAFÉ

Depois registrem uma resposta em conjunto.

____

____

Um pouco mais sobre acentuação: monossílabos tônicos

1 Releiam os quadrinhos para responder às questões a seguir.

a) Quantas sílabas têm as palavras destacadas? ☐

b) Em relação à quantidade de sílabas, como essas palavras são classificadas?

____

c) Conversem e juntos escrevam uma resposta: Por que uma delas tem acento gráfico e a outra não?

____

____

2 Releiam a fala de Horácio.

E o que foi que fiz?

a) Quantas sílabas têm todas as palavras dessa frase? ☐

b) O que se observa nessas palavras quanto ao sinal de acentuação?

____

3 Leiam as frases a seguir em voz alta e coloquem o sinal de acentuação nos monossílabos destacados quando forem **tônicos**, isto é, pronunciados de maneira mais forte.

a) Não **da** para comer a casca **da** banana.

b) **De** uma olhada na montanha **de** cascas que você jogou fora!

c) Meu computador queimou porque tinha um **no no** fio.

d) **Nos** vamos **nos** encontrar **nos** intervalos do filme.

e) Você não tem **do do** menino?

Conversem sobre o que observaram quanto ao uso do sinal de acentuação.

C ou Ç?

1 Leiam as frases abaixo, observando as letras destacadas.

Delícia de alface!   Horácio.

Que vogais vêm depois da letra C nessas palavras? ______________________

2 Leiam as palavras abaixo em voz alta com a professora e comparem as vogais depois da letra C.

cocada	casa	cuíca

cebola	cevada	cinema

Conversem sobre o que se pode concluir da mudança do som da letra C em cada conjunto de palavras.

3 Agora, leiam e observem estas frases.

> Precisamos, desde agora, evitar a poluição.
> Tá na hora do meu almoço!
> A criança começou a brincar perto do açude.

Observem o uso da letra Ç e completem as regras.

a) O Ç só aparece no ________________ das palavras.

b) Usa-se Ç antes de ________________.

Hora de organizar o que estudamos

Leiam e completem o esquema a seguir.

Uso das letras

- C
  - caco, cuíca, cocada (som de /q/)
    - Seguido das vogais: ________________
  - cebola, cimento (som de /s/)
    - Seguido das vogais: ________________
- Ç
  - caça, moço, açúcar (som de /s/)
    - Seguido das vogais: ________________

Memória em jogo

Leiam em voz alta o trava-língua a seguir.
Vamos ver quem consegue falar sem olhar?
Enquanto você diz o trava-língua que memorizou, o colega acompanha o texto escrito para ver se falta algo. Depois, troquem: ele diz o trava-língua e você confere com o texto.
Na página 294, registrem o trava-língua como lembrarem.

A Ciça foi até a praça comprar linguiça pro almoço. Na pressa tropeçou no cadarço, caiu na poça, ralou o braço e chorou à beça.

Eva Furnari. **Travadinhas**. São Paulo: Moderna, 1994. p. 19.

Vanessa Alexandre/Arquivo da editora

Assim também aprendo

- Além das histórias em quadrinhos longas, há formas mais reduzidas que também divertem. Veja a seguir como podemos nos divertir com um só quadrinho.

© Joaquín Salvador Lavado (QUINO) TODA MAFALDA/ Fotoarena

Quino. **Toda a Mafalda**. São Paulo: Martins Fontes, 1993. p. 257.

O que estudamos

Autoavaliação

Pinte ou faça um **X** na coluna que mostra como você se saiu nesta unidade.

Unidade 4		Avancei	Preciso estudar mais
Gênero	Leitura e interpretação de **história em quadrinhos (HQ)**		
	Recursos das histórias em quadrinhos		
	Produção de balões de fala para HQ		
Estudo sobre a língua	Algumas diferenças entre a língua falada e a língua escrita		
	Tonicidade das palavras		
	Acentuação: oxítonas terminadas em A, E, O		
	Monossílabos tônicos		
	Uso do C e do Ç		
Oralidade	Participação nas atividades orais		

Sugestões de...

Livro

Reprodução/Editora Globo

***Diário da Julieta 2: as histórias mais secretas da Menina Maluquinha*, livro em quadrinhos, de Ziraldo, publicado pela editora Globo.**

Com muita criatividade, Julieta conta as suas aventuras em seu diário, onde cola bilhetes, fotos, adesivos, papel de bala… tudo o que traz lembranças.

Gibi

© Mauricio de Sousa/Mauricio de Sousa Editora Ltda.

***Mônica*, n. 17, de Mauricio de Sousa, publicado pela Mauricio de Sousa Editora Ltda.**

Esta é uma edição histórica que traz as primeiras publicações. A capa que você vê ao lado é a da revista n. 17, de 1971, que foi relançada. Veja como eram as primeiras histórias dessa turminha divertida.

Unidade

5 Carta pessoal

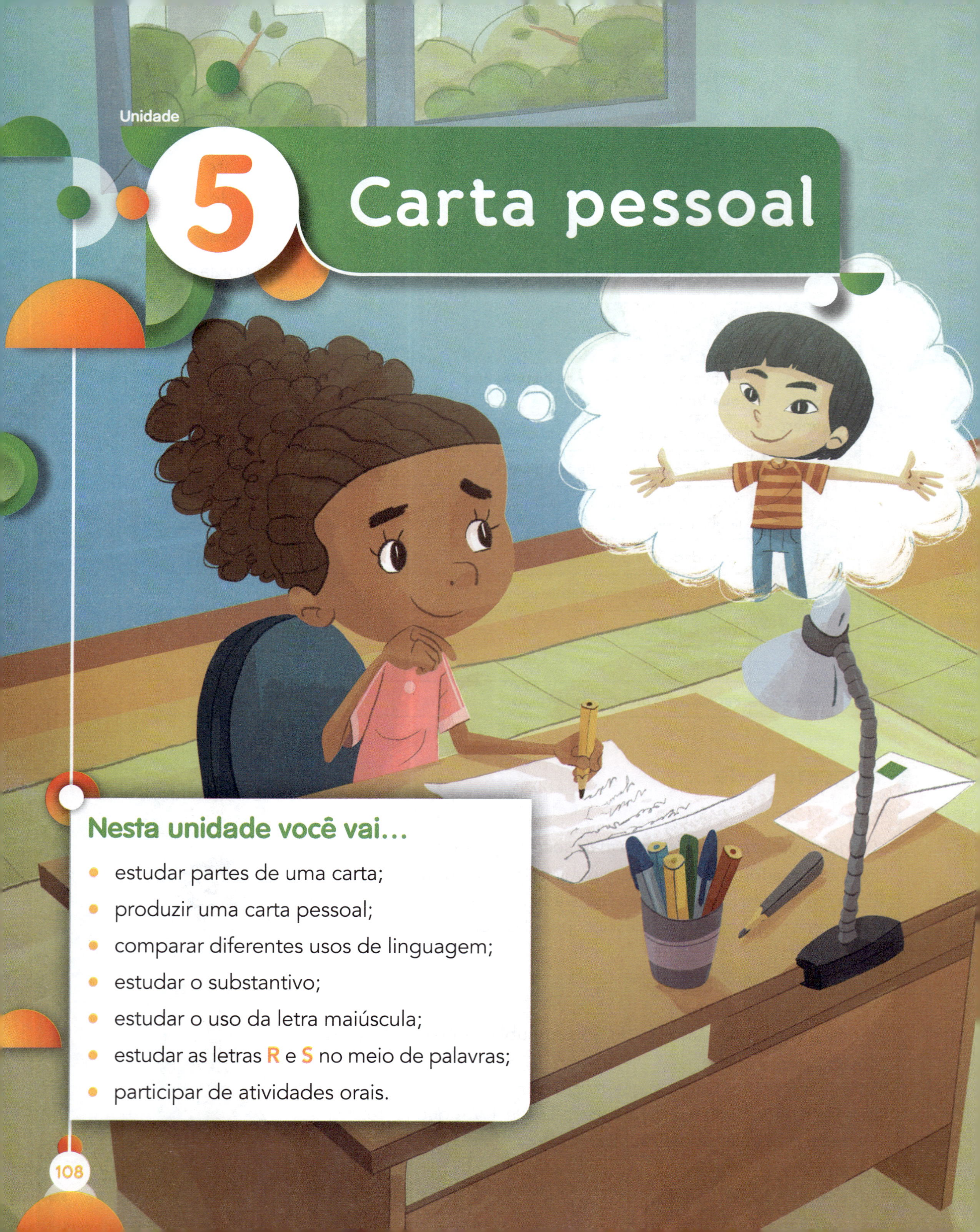

Nesta unidade você vai...

- estudar partes de uma carta;
- produzir uma carta pessoal;
- comparar diferentes usos de linguagem;
- estudar o substantivo;
- estudar o uso da letra maiúscula;
- estudar as letras **R** e **S** no meio de palavras;
- participar de atividades orais.

- Observe a primeira cena. O que a menina está fazendo?
- O que está acontecendo na segunda cena?
- Cartas podem aproximar quem está distante. Você conhece alguém que se comunica por meio de cartas?
- Como você faz para se comunicar com quem está distante?

Giz de Cera/Arquivo da editora

Para iniciar

Carta enigmática

Você sabe brincar de carta enigmática? É só olhar o desenho, pensar na palavra e tirar ou acrescentar o que está indicado pelos sinais **–** ou **+**. Tente!

Banco de imagens/Arquivo da editora

Fonte: <www.pingado.com/wp3/?attachment_id=574>. Acesso em: 6 abr. 2020.

Dá para imaginar um gato escrevendo cartas?

Com quem será que ele quer se comunicar? E por quê?

Leia e descubra como foi a comunicação entre personagens de uma história imaginada.

Leitura: carta pessoal

Carta de Ronroroso

Treze Chaminés
Campo das **Urtigas**
Dia 15, névoa-feira

Caro tio McAbro,

Você sempre me disse que, se eu estivesse encrencado, deveria te procurar. Pois é, estou com um problemaço. AJUDE-ME!

Minha bruxa não quer ser bruxa. Ela se recusa a gargalhar como bruxa. Não quer montar em vassouras. Não usa pernas de sapo, olhos de **salamandra**, asas de morcego em nossas **poções**. E não quer saber de assustar as crianças. Só pensa em fazer compras, assistir à TV e fazer amizades com não bruxos.

O que devo fazer?

Seu sobrinho,

Ronroroso Seramago de Bragança B.

P.S.: O nome dela é Hilda Bruxilda (apelido HB).

Hiawyn Oram. **As cartas de Ronroroso:** minha bruxa que não quer ser bruxa. Tradução de Áurea Akemi Arata. São Paulo: Salamandra, 2008. p. 9.

urtigas: plantas cujas folhas peludas causam coceira na pele.

salamandra: anfíbio com aspecto de lagarto, de cauda longa.

poções: líquidos para serem bebidos.

Sobre a autora

A escritora sul-africana **Hiawyn Oram** nasceu em 1946. Estudou artes dramáticas e trabalhou em Londres como atriz. Também fez trabalhos em agências de publicidade. É autora de mais de cem livros infantis.

Interpretação do texto

Atividade oral e escrita

1. Quem é Ronroroso? ______________________

2. Com quem ele se comunicou? ______________________

3. Qual é o **problemaço** enfrentado por Ronroroso?

____

4. A mensagem principal é o **assunto** da carta. Qual é o assunto dessa carta?

____

5. Releia:

> Treze Chaminés
> Campo das Urtigas
> Dia 15, névoa-feira

a) Ligue cada uma das expressões ao que ela se refere.

Treze Chaminés	dia do mês e da semana em que a carta é escrita
Dia 15, névoa-feira	
Campo das Urtigas	lugar de onde Ronroroso está escrevendo

b) Converse com os colegas: Essas informações do início da carta são verdadeiras?

6 Veja que interessante a criação dos nomes dos personagens desse texto.

a) Leia em voz alta.

Caro tio **McAbro**,

Se Ronroroso o chama de tio, o McAbro deve ser:

- [ ] um morcego.
- [ ] um gato.
- [ ] uma salamandra.
- [ ] um sapo.

b) Que palavra o nome do tio McAbro pode lembrar?

____

c) O que a palavra que você descobriu pode significar?

____

d) Observe o nome **Ronroroso**. Que palavra você conhece que lembra esse nome?

____

e) E o nome **Hilda Bruxilda**, lembra qual palavra?

____

7 Escreva a seguir uma das ações que Hilda Bruxilda não queria mais praticar como bruxa.

____

____

____

8 O que Hilda Bruxilda faz que não é visto como atitude de bruxa?

____

____

____

9 Releia um trecho da carta.

> Você sempre me disse que, se eu estivesse encrencado, deveria te procurar. Pois é, estou com um problemaço. AJUDE-ME!
>
> Minha bruxa não quer ser bruxa. Ela se recusa a gargalhar como bruxa. Não quer montar em vassouras. Não usa pernas de sapo, olhos de salamandra, asas de morcego em nossas poções. E não quer saber de assustar as crianças. Só pensa em fazer compras, assistir à TV e fazer amizades com não bruxos.

a) Observe as palavras escritas em letras maiores. Qual será a intenção de Ronroroso ao fazer isso? ______________________________

____

b) Esse jeito de escrever, com letras maiores, pedindo ajuda, mostra que:

- [ ] Ronroroso tinha intimidade com o tio.
- [ ] Ronroroso não costumava falar com o tio.
- [ ] o tio era uma pessoa bem próxima de Ronroroso.
- [ ] Ronroroso não podia ser espontâneo, íntimo.
- [ ] Ronroroso era espontâneo ao falar com o tio.

10 Em uma carta há dois elementos que não devem faltar. Escreva o nome a que correspondem esses elementos na carta que você leu.

- **Destinatário**, a quem a carta é enviada: ______________________________
- **Remetente**, quem enviou a carta: ______________________________

____

11 Leia as legendas abaixo e circule – com as cores indicadas – as partes correspondentes na carta de Ronroroso.

- Local e data (azul)
- Mensagem principal: corpo da carta (verde)
- Saudação e destinatário (vermelho)
- Despedida e remetente (amarelo)

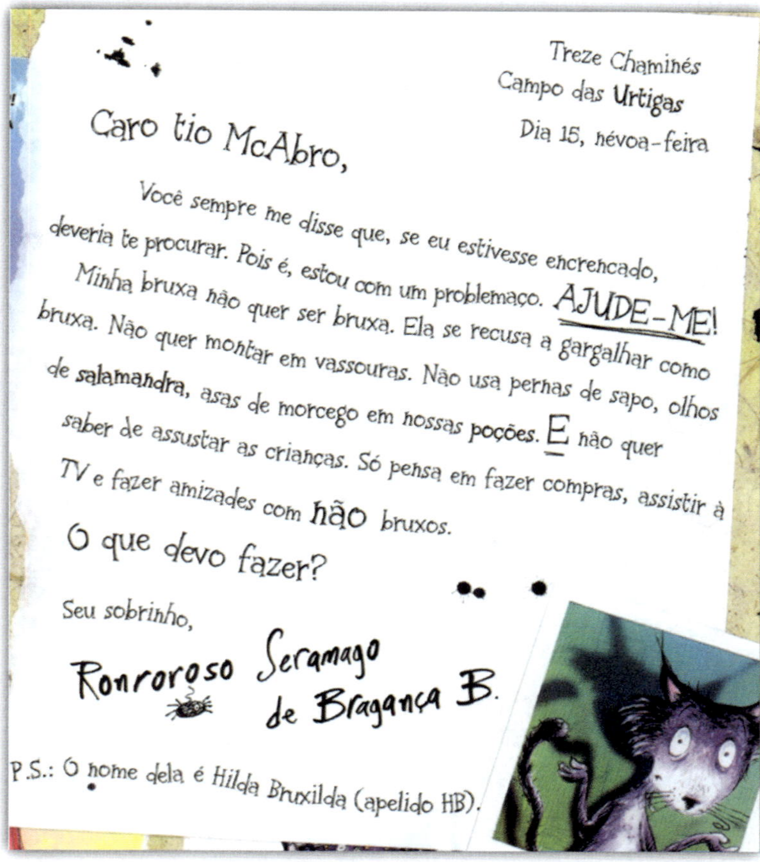

Treze Chaminés
Campo das Urtigas
Dia 15, névoa-feira

Caro tio McAbro,

Você sempre me disse que, se eu estivesse encrencado, deveria te procurar. Pois é, estou com um problemaço. AJUDE-ME!

Minha bruxa não quer ser bruxa. Ela se recusa a gargalhar como bruxa. Não quer montar em vassouras. Não usa pernas de sapo, olhos de salamandra, asas de morcego em nossas poções. E não quer saber de assustar as crianças. Só pensa em fazer compras, assistir à TV e fazer amizades com não bruxos.

O que devo fazer?

Seu sobrinho,

Ronroroso Seramago de Bragança B.

P.S.: O nome dela é Hilda Bruxilda (apelido HB).

12 Releia:

> P.S.: O nome dela é Hilda Bruxilda (apelido HB).

É comum encontrar as letras **P.S.**, assim escritas, ao final de cartas, depois da despedida e da assinatura.

Qual é a provável razão de Ronroroso ter colocado essas letras com a frase acima?

____

____

13 Carta é uma forma de correspondência usada para as pessoas se comunicarem **por escrito** quando estão distantes. Nos dias de hoje, que outros meios de se comunicar Ronroroso poderia ter utilizado? Registre no caderno.

14 Se Ronroroso tivesse de enviar a carta pelo correio, ele precisaria preencher um envelope para colocá-la dentro. Vamos ajudá-lo.

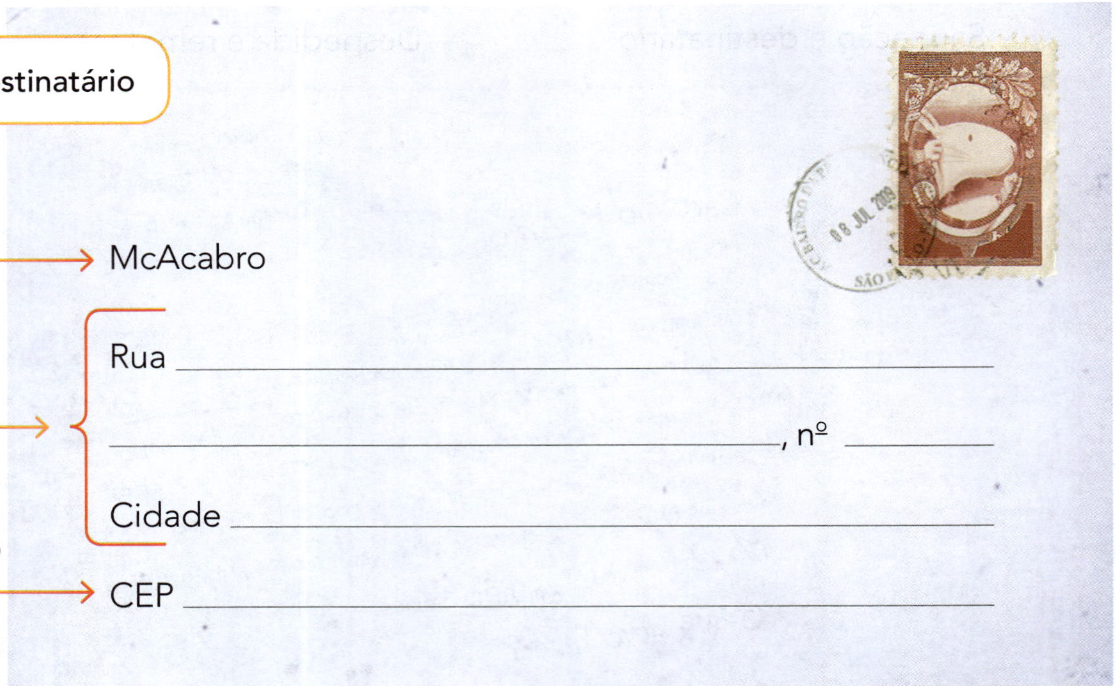

Andréia Vieira/Arquivo da editora

destinatário

Nome → McAcabro

Endereço →
Rua ______________________________
______________________________, nº ________
Cidade ______________________________

Número do Código de Endereçamento Postal → CEP ______________________________

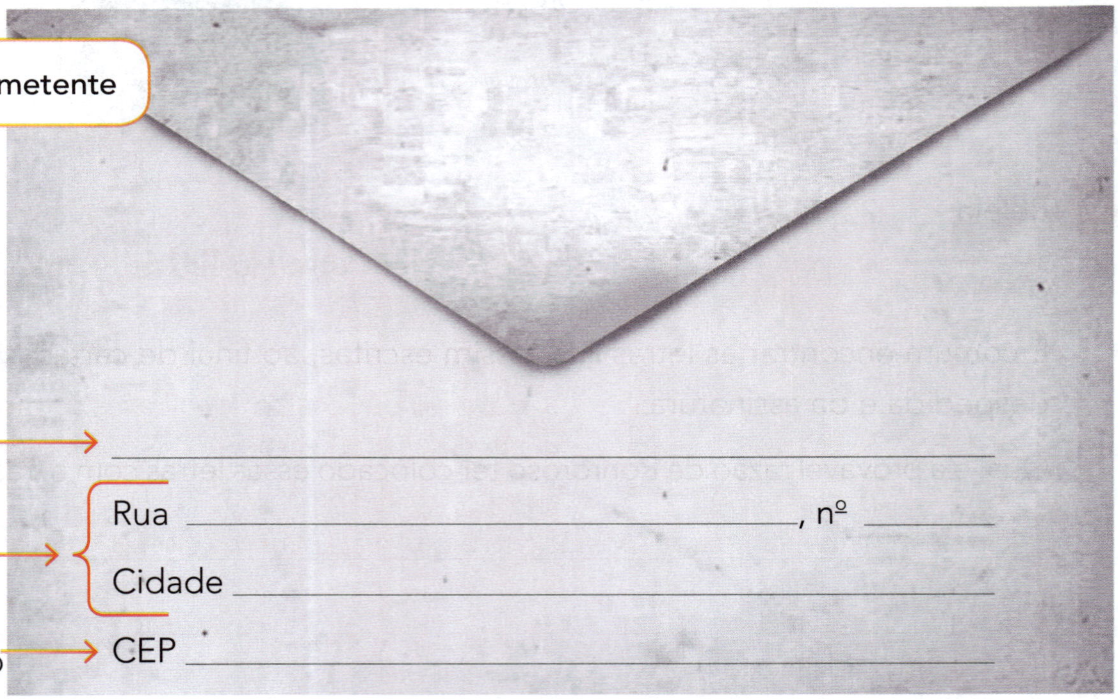

Andréia Vieira/Arquivo da editora

remetente

Nome → ______________________________

Endereço →
Rua ______________________________, nº ________
Cidade ______________________________

Número do Código de Endereçamento Postal → CEP ______________________________

Hora de organizar o que estudamos

Leiam juntos o esquema, conversem sobre ele e completem o quadro sobre o tipo de leitor de cartas pessoais.

Carta pessoal

↓

Texto, geralmente escrito, para comunicação entre pessoas que podem estar distantes. Pode ser enviada pelo correio.

- Intenção/finalidade
  - Manter contato com alguém distante.
- Organização do texto
  - Partes
    - local, data
    - saudação
    - assunto/corpo da mensagem
    - despedida
    - remetente
  - Linguagem
    - Geralmente mais espontânea
    - Mais pessoal
- Leitor/público
  - ____________________
    ____

Tecendo saberes

Você sabia que, no Brasil, as cartas chegaram com os primeiros portugueses? Leia o texto a seguir.

1500

A "certidão de batismo do Brasil" é a carta de Pero Vaz de Caminha, que anunciou ao rei de Portugal o descobrimento da nova terra. O que é menos conhecido é que a nau de Gaspar de Lemos, que a transportou, levava também uma outra correspondência importante, a de Mestre João Faras, primeiro documento científico sobre nosso país, além de amostras recolhidas no país. Assim, pode ser considerada, de certa forma, a primeira ligação postal entre o Brasil e a **metrópole**.

metrópole: país em relação às suas colônias.

Das primeiras cartas ao Correio-Mor. Disponível em: <www.correios.com.br/sobre-correios/a-empresa/historia>. Acesso em: 4 fev. 2020.

As cartas trocadas entre os portugueses à época da sua chegada ao Brasil são documentos históricos, pois registram fatos importantes da história do país.

E você, como registra as suas memórias?

Aí vem... carta pessoal

Você deve ter ficado curioso para saber se Hilda deixou de ser bruxa. Leia e descubra.

Carta de Ronroroso

Treze Chaminés
Sol-feira, dia 12 deste ano

Caro tio McAbro,

Bem, eu não sei COMO, mas funcionou! HB pediu ao príncipe para acabar com o DRAGÃO do Bosque Ladeira-Abaixo, que não a deixa dormir à noite, e ele começou a tremer como vara verde! Ela está desconfiada de que ele não seja um príncipe de verdade. Então, me pediu que empilhasse 10 colchões sobre uma ervilha. Disse que, como em contos de fadas, se ele tivesse "sangue azul", sentiria a ervilha ao se sentar sobre a pilha. Bem, enquanto empilhava os colchões, tive uma ideia: não coloquei nenhuma ervilha. Quem ia saber?

VIRE

1

Hiawyn Oram. **As cartas de Ronroroso:** minha bruxa que não quer ser bruxa. Tradução de Áurea Akemi Arata. São Paulo: Salamandra, 2008.

Prática de oralidade

Conversa em jogo

Vontade de mudar...

- A personagem Hilda Bruxilda era uma bruxa que queria mudar: ser diferente do que era, conviver com não bruxos.

  Às vezes, podemos mudar algo em nós para nos sentirmos melhor ou para convivermos melhor no nosso dia a dia. Por exemplo: somos tímidos, mas queremos ter novos amigos; somos meio brigões e queremos ter mais paciência; temos opiniões, mas não as dizemos aos outros. Conversem sobre pequenas atitudes que podem nos transformar um pouco.

Outras linguagens

- Ao colocar uma carta no correio, devemos usar um pequeno papel autoadesivo, colado ao envelope, que comprova o pagamento feito ao correio. É o selo.

  Veja a seguir alguns exemplos muito criativos.

catwalker/Shutterstock

Fonte: Empresa Brasileira de Correios e Telégrafos/Departamento de Filatelia e Produtos

Fonte: Empresa Brasileira de Correios e Telégrafos/Departamento de Filatelia e Produtos

Fonte: Empresa Brasileira de Correios e Telégrafos/Departamento de Filatelia e Produtos

Qual desses selos você achou mais interessante? Por quê?

Língua: usos e reflexão

Variedades linguísticas: diferentes usos de linguagem

1 Releia o trecho e observe a forma como Ronroroso se expressou com seu tio.

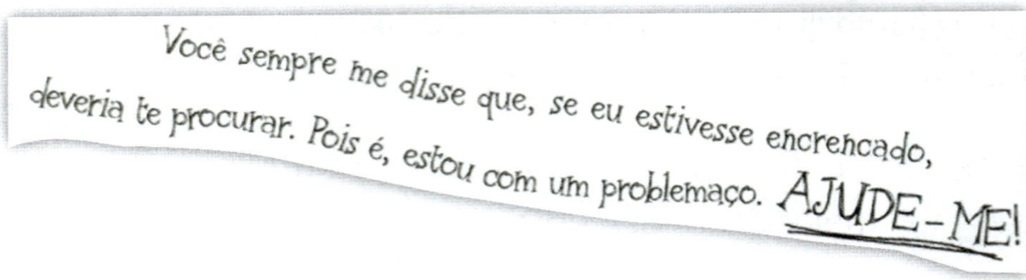
Você sempre me disse que, se eu estivesse encrencado, deveria te procurar. Pois é, estou com um problemaço. AJUDE-ME!

© Hiawyn Oram/ © Sarah Warburton/ Editora Salamandra

Pinte os ☐ que melhor indicam o que podemos observar sobre a linguagem de Ronroroso no trecho lido.

- ☐ é cerimoniosa
- ☐ é espontânea
- ☐ está longe do que se fala no dia a dia
- ☐ está próxima do que se fala no dia a dia
- ☐ revela proximidade com o tio
- ☐ revela distanciamento do tio

Sempre que nos comunicamos com alguém, falando ou escrevendo, temos de empregar a linguagem adequada em relação ao que queremos dizer, com quem estamos falando, em que situação estamos, etc.

2 Leia os bilhetes a seguir.

Bilhete 1

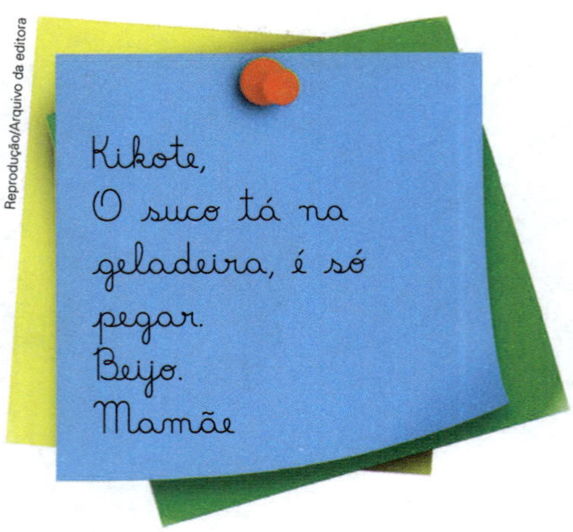
Kikote,
O suco tá na geladeira, é só pegar.
Beijo.
Mamãe

Reprodução/Arquivo da editora

Bilhete 2

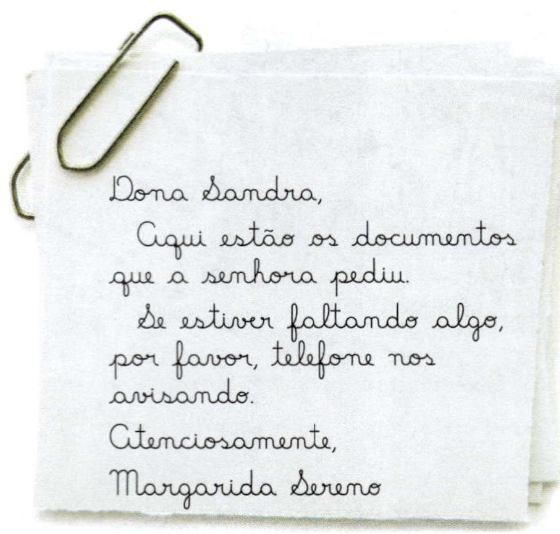
Dona Sandra,
Aqui estão os documentos que a senhora pediu.
Se estiver faltando algo, por favor, telefone nos avisando.
Atenciosamente,
Margarida Sereno

Reprodução/Arquivo da editora

Bilhete 3

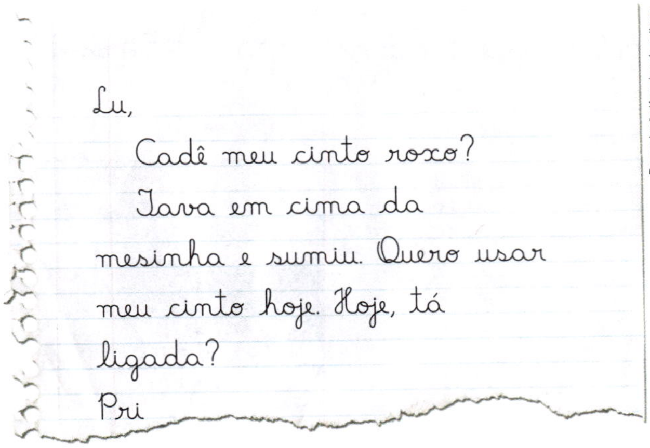
Lu,
Cadê meu cinto roxo?
Tava em cima da mesinha e sumiu. Quero usar meu cinto hoje. Hoje, tá ligada?
Pri

Reprodução/Arquivo da editora

Bilhete 4

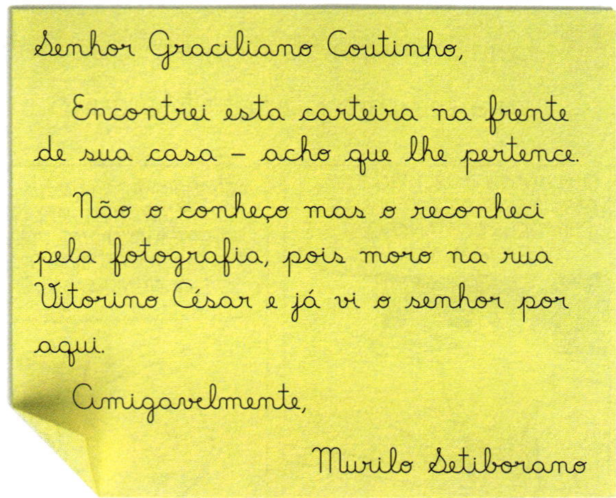
Senhor Graciliano Coutinho,
Encontrei esta carteira na frente de sua casa – acho que lhe pertence.
Não o conheço mas o reconheci pela fotografia, pois moro na rua Vitorino César e já vi o senhor por aqui.
Amigavelmente,
Murilo Setiborano

Reprodução/Arquivo da editora

a) Em quais dos bilhetes a linguagem é mais formal, mais cerimoniosa? Quais palavras indicam formalidade?

____

____

b) Em quais dos bilhetes a linguagem indica mais familiaridade entre remetentes e destinatários? Por quê?

____

____

____

A expressão **tá ligada** é uma **gíria** muito usada entre alguns jovens.

> **Gírias** são palavras ou expressões usadas por alguns grupos em situações mais informais.
> Algumas são mais populares, sobretudo entre os adolescentes, e você provavelmente conhece e talvez até use várias delas. Por exemplo: "da hora", "tipo assim", "causar", "tô ligado", "legal", "mó", etc.

Há momentos em que algumas gírias são adequadas, pois a situação é mais espontânea, mais descontraída, como no bilhete 3.

Mas há situações em que algumas gírias não são adequadas, pois é necessária uma linguagem mais formal, mais cerimoniosa, como é o caso no bilhete 4.

Agora você

1 Leia a tirinha abaixo, em que Calvin está apresentando um trabalho na sala de aula sobre o planeta Mercúrio.

Bill Watterson. **O Estado de S. Paulo**. São Paulo, 1º mar. 2009.

a) Para apresentar seu trabalho, que linguagem seria mais adequada para Calvin utilizar: mais formal ou mais informal? Por quê?

____

____

____

b) No quadrinho 3, Calvin já não está lendo seu trabalho: ele parece estar conversando consigo mesmo, pensando alto. Circule na fala de Calvin palavras ou expressões que revelam que ele está mais à vontade.

2 Leia a seguir outra tirinha de Calvin.

Bill Watterson. **O Estado de S. Paulo**. São Paulo, 15 mar. 2009.

a) Assinale o tipo de linguagem que predomina na conversa entre Calvin e seu tigre Haroldo.

☐ linguagem mais formal
☐ linguagem espontânea
☐ linguagem mais descontraída
☐ linguagem mais planejada, menos espontânea

b) No quadrinho 2, Calvin usa uma gíria: "maneiro". O que ela significa?

____

No mesmo quadrinho, Calvin usa uma palavra muito comum em nosso dia a dia e que revela admiração. Qual é a palavra? Circule-a.

3 Faça a relação entre as palavras das duas colunas abaixo, completando com o que falta.

Palavras	Uso no dia a dia
está	tá
	tô
estava	tava
	né?
avô/avó	vô/vó
	cê/ocê

Hora de organizar o que estudamos

Completem os quadros usando as expressões **mais formal** ou **mais informal** de modo adequado.

Variedades linguísticas

Linguagem

______________________ (esquerda)

- Pode ser empregada em situações mais cerimoniosas
- Evitam-se as gírias
- Geralmente é mais planejada

______________________ (direita)

- Uso de gírias permitido
- Mais espontânea
- Mais comum no dia a dia

Substantivos

No texto da carta que você leu há vários nomes de animais.

1 Veja as figuras abaixo e escreva nos quadros o nome dos bichos que aparecem no texto.

Ilustrações: Camila de Godoy/ Arquivo da editora

2 Observe as imagens e escreva o nome de cada flor.

Elementos representados em tamanhos não proporcionais entre si.

nonett/Shutterstock

rustamank/Shutterstock

ANGHI/Shutterstock

KACHALKIN OLEG/Shutterstock

3 Observe as fotografias e escreva a palavra que dá nome a cada objeto.

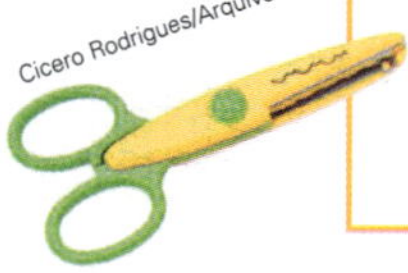

Cicero Rodrigues/Arquivo da editora

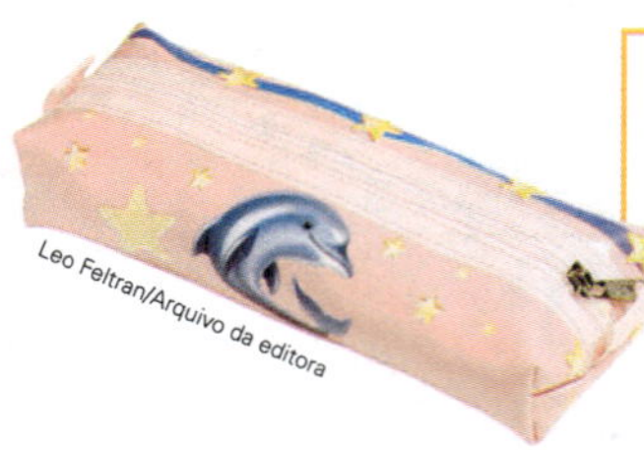

Leo Feltran/Arquivo da editora

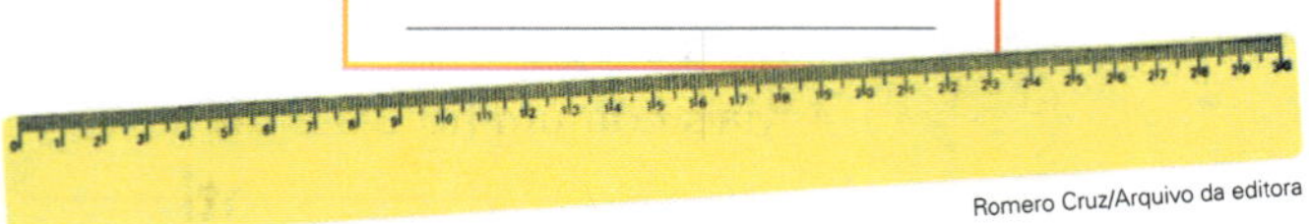

Romero Cruz/Arquivo da editora

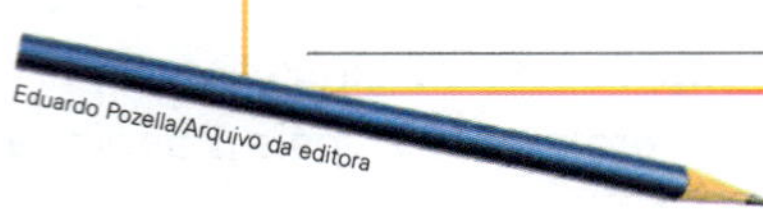

Eduardo Pozella/Arquivo da editora

4 Veja mais fotografias. Qual palavra dá nome aos fenômenos da natureza mostrados nelas?

Elementos representados em tamanhos não proporcionais entre si.

Comstock Images/Getty Images

Comstock Images/Getty Images

Comstock Stockbyte/Getty Images

______________ ______________ ______________

5 Observe a imagem a seguir e escreva a palavra que dá nome a cada um dos objetos.

Elvetica/Shutterstock

6 Agora, veja as imagens e escreva a palavra que dá nome aos sentimentos expressos em cada uma delas.

Nacivet/Getty Images

Pixland/Jupiterimages

______________ ______________

As **palavras que dão nome** a pessoas, animais, plantas, objetos, fenômenos da natureza, ações, sentimentos, estados e qualidades são chamadas de **substantivos**.

Substantivo próprio e substantivo comum

1 Leia e observe alguns nomes que aparecem no texto da carta que você leu.

Ilustrações: Camila de Godoy/ Arquivo da editora

gato → Ronroroso Seramago de Bragança B.

tio → McAbro

Nos quadros acima, há nomes, ou substantivos, escritos com letra inicial minúscula e nomes com letra inicial maiúscula.

Vamos ver por que isso acontece. Observe:

- O substantivo **gato** se refere a qualquer gato.
- O substantivo **Ronroroso** se refere a um gato específico e não a qualquer gato.

2 Pensando nisso, complete com o substantivo adequado:

_________________ é um substantivo que se refere a um tio em especial e não a qualquer tio.

3 Leia e observe os nomes a seguir.

bruxa → Hilda Bruxilda

Complete com os substantivos adequados.

___________________________________ é um substantivo que se refere a uma _______________ específica e não a uma bruxa qualquer.

4 Observe as figuras e os quadros que as acompanham.

© Ziraldo Alves Pinto/Acervo do cartunista

© Mauricio de Sousa/Mauricio de Sousa Editora Ltda

© Ziraldo Alves Pinto/Acervo do cartunista

© Mauricio de Sousa/Mauricio de Sousa Editora Ltda.

menina	Mônica	menino	Cebolinha

As palavras **menina** e **menino** servem para nomear qualquer menina e menino. São **substantivos comuns**: nomeiam seres, objetos, lugares em geral, não específicos.

As palavras **Mônica** e **Cebolinha** servem para nomear uma menina e um menino específicos, não uma menina e um menino quaisquer. São **substantivos próprios**: dão nomes específicos aos seres.

Juntos, observem as imagens e leiam as palavras na coluna à esquerda. Para cada substantivo comum, escrevam um substantivo próprio na coluna à direita.
Não se esqueçam da letra inicial maiúscula para os substantivos próprios.

Substantivos comuns	Substantivos próprios
 cachorro	
 pato	
 homem	
 moça	
 cidade	
 escola	

Ilustrações: Vanessa Alexandre/Arquivo da editora

Uso de letras maiúsculas

Você viu que os substantivos próprios devem ser escritos com letra inicial maiúscula.

1. Leia o trecho e circule os substantivos próprios.

> **Pedro e o lobo**
>
> Pedro tinha três amigos: um passarinho chamado Sacha, uma pata atrapalhada de nome Sônia e um gato muito levado, o Ivan.
>
> Eunice Braido. **Pedro e o lobo**. São Paulo: FTD, 2006. p. 5.

2. Agora, leia o trecho e responda à questão.

> **Certo** dia, na floresta, perto da aldeia, apareceu o lobo mais feroz já visto naquela região. **Era** enorme, peludo e escuro. **Tinha** presas afiadas, boca imensa [...].
>
> Eunice Braido. **Pedro e o lobo**. São Paulo: FTD, 2006. p. 5.

As palavras destacadas desse trecho não são nomes. Por que então estão escritas com letras iniciais maiúsculas?

____

____

3. Leia o convite a seguir. Observe as palavras que foram escritas com letras iniciais maiúsculas.

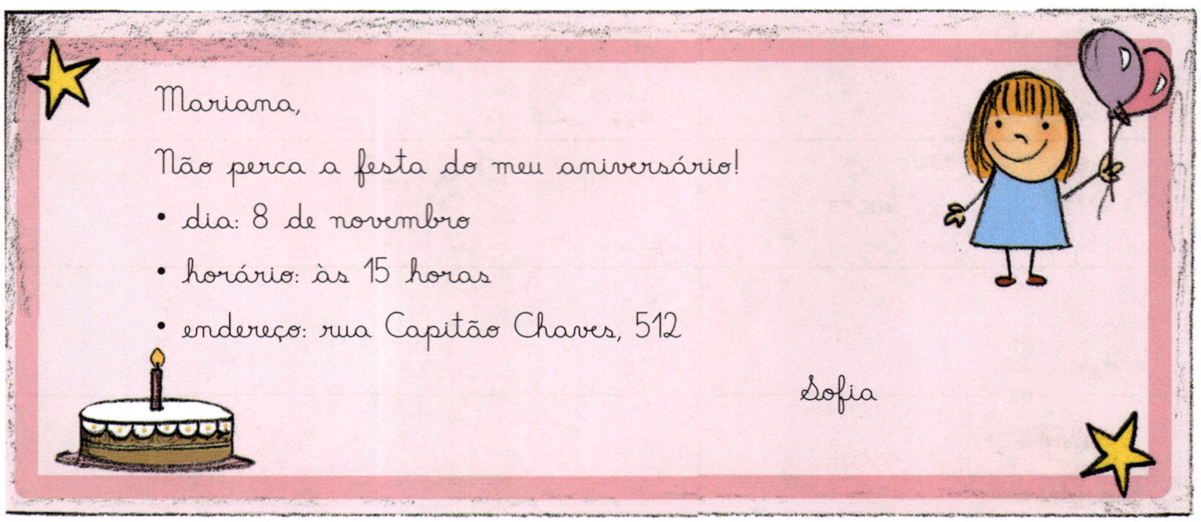

Mariana,

Não perca a festa do meu aniversário!

- dia: 8 de novembro
- horário: às 15 horas
- endereço: rua Capitão Chaves, 512

Sofia

Silvana Rando/Arquivo da editora

Separe as palavras do convite em duas colunas.

Substantivos próprios	Palavra no início de frase

a) Por que as palavras **Mariana** e **Sofia** estão escritas com iniciais maiúsculas?

____

b) Por que as palavras **Capitão Chaves** estão escritas com letras iniciais maiúsculas?

____

____

c) Há algumas informações que não podem faltar em um convite. Releia o convite da página anterior e preencha os espaços com as informações pedidas.

- Data: _______________
- Hora: _______________
- Local do evento: _______________
- Nome da aniversariante: _______________
- Nome da convidada: _______________

Hora de organizar o que estudamos

Leiam juntos o esquema a seguir.

Uso da letra maiúscula

- **Substantivos próprios**
- **Início de frase**

Produção de texto

Carta pessoal

Vanessa Alexandre/Arquivo da editora

Vamos voltar à carta de Ronroroso e pensar em uma resposta para o gato.

Ronroroso não quer que Hilda Bruxilda deixe de ser bruxa. Será que ele está certo?

O que vocês poderiam falar para Ronroroso para convencê-lo a ajudar Hilda Bruxilda a ser o que ela gostaria de ser?

Planejamento

1. Assunto: Qual é a mensagem principal de sua carta?
2. Escolham o tipo de linguagem a ser empregada com Ronroroso:
   - mais informal, espontânea, como se vocês tivessem familiaridade com ele;
   - mais formal, mais cerimoniosa.

Escrita

Façam um rascunho a lápis no caderno.

Revisão e reescrita

1. Façam uma leitura atenta para ver se a mensagem para Ronroroso ficou clara.
2. Verifiquem se a carta tem todas as partes: local e data, saudação, destinatário, corpo da mensagem, despedida e remetente. Se precisar, acrescentem um P.S. para reforçar o que foi escrito em algum trecho ou acrescentar algo importante.
3. Lembrem-se de assinar.
4. Não se esqueçam do que estudaram: usar letra maiúscula no começo das frases e dos substantivos próprios.
5. Leiam o esquema a seguir para não esquecer o que deve haver na carta que produzirem.

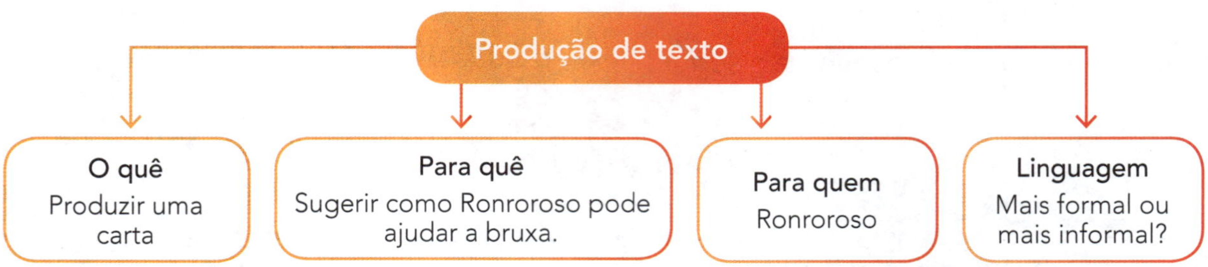

6. Releiam e reescrevam o que for necessário.

Mãos à obra! Passe a limpo o texto no espaço a seguir.

Banco de imagens/Arquivo da editora

Troca-troca de cartas

1. Troquem de carta com outra dupla.

2. Leiam a carta produzida pelos colegas e conversem: O que vocês acharam das sugestões que eles deram a Ronroroso?

3. Ouçam o que a outra dupla tem a dizer sobre a carta que vocês escreveram.

Palavras em jogo

Letras R e S no meio das palavras

1 Observem a escrita e a pronúncia da palavra RONROROSO.

A letra R foi pronunciada da mesma forma nos três momentos?

____

____

Geralmente, a letra R no meio da palavra é pronunciada como R brando.

2 Comparem as palavras. Pintem de **azul** a letra R pronunciada como **R forte** e circulem de **amarelo** a letra R pronunciada como **R brando**.

genro	geral	barata
ronronar	enriquecer	carona
tenro	irado	enroscar

Agora, observem as palavras em que a letra R ficou com o som forte e completem:

A letra R ficou com som forte no meio da palavra depois de ______ e ______.

3 Agora leiam as duplas de palavras.

casado → cansado

peso → penso

a) O que ocorreu com o som da letra S depois de AN e EN?

____

____

b) Qual regra podemos escrever?

____

____

4 Agora leiam as palavras a seguir.

BOLSA	BOLSO	FALSO	BÁLSAMO
PULSO	WILSON	CELSO	

a) Observem o som da letra S nessas palavras. Elas devem ser lidas como em:

☐ assado, osso. ☐ asa, aceso.

b) Qual regra podemos registrar?

____

____

____

5 Pintem as partes das palavras que têm o som igual.

CALÇA	BALSA	SALSA	ALÇA

A regra na atividade anterior serve para todas essas palavras? _______________

6 S ou R: Qual é a única palavra diferente do conjunto? Complete e descubra.

man ___ o	cur ___ o	fal ___ o
in ___ ônia	ron ___ onar	in ___ olúvel

A palavra é _______________ .

7 Completem as palavras abaixo com S ou Ç. Depois, leiam em voz alta.

fal ___ idade	___ ala	inver ___ o
ter ___ o	ber ___ ário	for ___ a

Memória em jogo

Tente memorizar este trava-língua para escrevê-lo na página 295.

Se Sansão prepara a sopa sem sal,
sem sal a sopa será.
Se sai a sopa de Sansão sem sal,
a sopa **insossa** estará.

L. Maeso; M. Maneru (Org.). **Adivinhas e trava-línguas**. Tradução de Walter Sagardoy. 2. ed. São Paulo: Caramelo, 2009. p. 113.

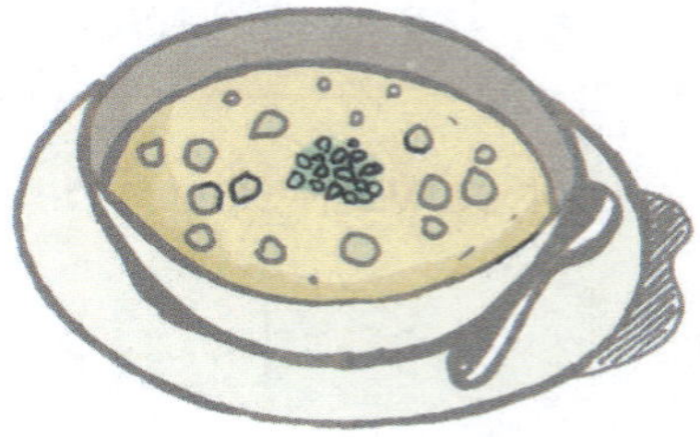

Andréia Vieira/Arquivo da editora

insossa: sem sabor.

Assim também aprendo

- Nesta unidade, Hilda Bruxilda não queria mais fazer mágicas.
Agora, veja o que aconteceu quando a Mônica tentou hipnotizar o Cebolinha:

© Mauricio de Sousa/Mauricio de Sousa Editora Ltda.

Mauricio de Sousa. **Almanaque**: historinhas de uma página. São Paulo: Panini, 2014, n. 9.

O que estudamos

Autoavaliação

Pinte ou faça um **X** na coluna que mostra como você se saiu nesta unidade.

Unidade 5		Avancei	Preciso estudar mais
Gênero	Leitura e interpretação de **carta pessoal**		
	Produção de uma carta pessoal		
Estudo sobre a língua	Variedades linguísticas: diferentes usos de linguagem		
	Substantivo: • substantivo comum e substantivo próprio • uso da letra maiúscula		
	Letras R e S no meio das palavras		
Oralidade	Participação nas atividades orais		

Sugestões de...

Livros

Reprodução/Imprensa Oficial do Estado de São Paulo

***Ooó do vovô: correspondência de João Guimarães Rosa, vovô Joãozinho, com Vera e Beatriz Helena Tess*, de João Guimarães Rosa, publicado pelas editoras Imesp e Edusp.**
Este é um livro quase mágico. Conheça a riqueza e a emoção da correspondência trocada pelo escritor brasileiro João Guimarães Rosa com suas netas.

Reprodução/Editora Companhia das Letrinhas

***Pedro Carteiro*, de Beatrix Potter. Tradução de Eduardo Brandão, publicado pela editora Companhia das Letrinhas.**
Pedro Coelho virou carteiro por um dia. E é claro que ele não poderia deixar de se meter em confusão. Acompanhe a movimentada jornada de Pedro e dos envelopes que precisa entregar.

Unidade

6 Conto maravilhoso

Nesta unidade você vai...

- ler e interpretar um conto maravilhoso;
- identificar os elementos do conto: personagens, tempo, espaço e narrador;
- identificar as partes da história;
- recontar uma história;
- estudar adjetivo;
- estudar a concordância entre palavras: gênero e número;
- estudar o uso da letra R em final de sílabas;
- participar de atividades orais.

- Muitas histórias acontecem em castelos. Você se lembra de alguma? Qual?
- A cena destas páginas juntou vários personagens de diferentes histórias no mesmo espaço. Você conhece algum desses personagens?

LB Ilustrações/Arquivo da editora

Para iniciar

Castelo

Vamos voltar no tempo e construir um castelo?
Leiam as instruções com a professora.

Edson Antunes/Acervo do fotógrafo

Material

- caixa de papelão ou de sapatos
- tesoura sem pontas
- rolos de papel higiênico
- canetinhas coloridas, lápis de cor ou papel colorido
- barbante
- palito para churrasco

Modo de fazer

1. Recorte a caixa em formato de castelo.
2. Desenhe as janelas com canetinhas ou cole papel colorido.
3. Para fazer as torres, use rolos de papel higiênico e fixe um palito para churrasco.
4. Para fazer a ponte levadiça, desenhe a porta de entrada, corte um quadrado de papel colorido e prenda esse quadrado com pedaços de barbante.
5. Decore seu castelo como quiser.

Disponível em: <www.artesanatopassoapassoja.com.br/castelinho-de-papelao-passo-passo>. Acesso em: 7 fev. 2020. (Adaptado.)

Você vai ler um conto maravilhoso. Por que será que se chama assim? Neste conto há um príncipe, uma princesa e um grão de ervilha. O que poderá acontecer de importante com um grão de ervilha?

Leia silenciosamente o conto. Se tiver dificuldade, peça ajuda a um colega ou à professora.

Leitura: conto maravilhoso

A princesa e a ervilha

Era uma vez um príncipe. Ele desejava ter a sua princesa, mas uma que fosse princesa de verdade. Por isso viajou pelo mundo todo à procura de uma assim, mas sempre havia alguma coisa de errado. Não faltavam princesas em toda parte, mas ele nunca conseguia ter certeza de que eram verdadeiras princesas. Havia sempre alguma coisa que não estava muito certa. Ele voltou para casa triste e **abatido**, pois decidira em seu coração casar-se com uma princesa real.

Uma noite, uma tempestade terrível desabou sobre o reino. Raios **chispavam**, trovões roncavam e chovia **a cântaros** — realmente pavoroso! Inesperadamente, ouviu-se uma batida no portão da cidade, e o rei em pessoa foi abri-lo. Havia uma princesa parada lá fora. Mas valha-me Deus! Que figura ela era debaixo daquele aguaceiro, sob um tempo daqueles! A água escorria pelo seu cabelo e suas roupas. Jorrava pelas pontas dos sapatos e entrava de novo pelos calcanhares. E, mesmo assim, ela insistiu que era uma verdadeira princesa.

abatido: desanimado.
chispavam: caíam com faíscas.
a cântaros: em grande quantidade.

Unidade 6

"Bem, isso é o que vamos ver, daqui a pouco!", pensou a rainha. Não disse uma palavra, mas foi direto ao quarto, desfez a cama toda e pôs uma ervilha sobre o **estrado**. Sobre a ervilha empilhou vinte colchões e depois estendeu mais vinte edredons dos mais fofos por cima dos colchões. Foi ali que a princesa dormiu aquela noite.

De manhã, todos perguntaram como ela havia dormido. "Ah, pessimamente!", respondeu a princesa. "Mal consegui pregar o olho a noite inteira! Sabe Deus o que havia naquela cama! Era uma coisa tão dura que fiquei toda cheia de manchas pretas e azuis. É realmente **medonho**."

Então, é claro, todos puderam ver que ela era realmente uma princesa, porque tinha sentido a ervilha através de vinte colchões e vinte edredons. Só uma verdadeira princesa podia ter a pele assim tão sensível.

Diante disso o príncipe se casou com ela, pois agora sabia que tinha uma princesa de verdade. E a ervilha foi enviada para um museu, onde está em exibição até hoje, a menos que alguém a tenha roubado.

Pronto. É um bom **arremedo** de história, não é?

Contos de Fadas de Perrault, Grimm, Andersen e outros.
Tradução de Maria Luiza X. de A. Borges. Rio de Janeiro: Zahar, 2010. p. 247-248.

estrado: parte da cama que fica embaixo do colchão.

medonho: horrível.

arremedo: reprodução, versão.

Vanessa Alexandre/Arquivo da editora

Sobre o autor

Reprodução/Museu da Cidade de Odense, Odense, Dinamarca.

Hans Christian Andersen (1805-1875), escritor e poeta dinamarquês, ficou conhecido mundialmente por suas histórias infantis. Ele escreveu muitas peças teatrais, canções, romances, contos, histórias e, principalmente, contos de fadas, que foram traduzidos em muitas línguas.

Reprodução/Editora Zahar

Interpretação do texto

Atividade oral e escrita

O conto maravilhoso é uma história imaginada.

1 O conto "A princesa e a ervilha" apresenta **personagens**, **tempo** e **espaço**, que geralmente estão presentes nas histórias imaginadas. Responda:

a) Quem são os **personagens** que participam da história?

____

b) Essa história se passa em um **tempo indeterminado**, isto é, que não se sabe quando foi. Copie a expressão que comprova isso.

____

c) Copie do texto outras palavras ou expressões que indiquem tempo.

____

d) **Espaço** é o lugar onde a história se passa. Onde essa história se passou?

____

Além de **personagens**, **tempo** e **espaço**, nesse conto há alguém que conta a história: o **narrador**.

2 Releia os trechos a seguir. Pinte de amarelo a fala ou o pensamento do **personagem** e circule de azul a fala de quem conta a história – o **narrador**.

> Uma noite, uma tempestade terrível desabou sobre o reino.
>
> Havia uma princesa parada lá fora.
>
> E, mesmo assim, ela insistiu que era uma verdadeira princesa.
>
> "Bem, isso é o que vamos ver, daqui a pouco!"
>
> "Ah, pessimamente!"

3 Leia as frases e numere-as na ordem em que os fatos ocorreram.

☐ A rainha fez um teste colocando um grão de ervilha na cama em que a moça dormiria.

☐ O príncipe e a princesa se casaram e guardaram o grão de ervilha no museu do palácio.

☐ Era uma vez um príncipe que estava à procura de uma noiva porque queria se casar.

☐ Então, durante uma tempestade, bateu no portão da cidade uma moça toda molhada dizendo ser uma princesa.

☐ A moça provou ser uma princesa verdadeira, porque foi capaz de sentir o grão de ervilha e não conseguiu dormir.

4 Por que o príncipe não encontrava uma noiva?

____

____

5 Conversem: Por que a rainha colocou um grão de ervilha na cama da moça?

6 Releia:

a) "Bem, isso é o que vamos ver, daqui a pouco!", pensou a rainha.

b) "Ah, pessimamente!", respondeu a princesa.

Essas falas das personagens não trazem travessão no início.

Pinte os sinais que foram usados para destacar as falas.

Esse sinal é outro modo de iniciar a fala de personagens. Qual é o nome desse sinal? ____________________

7 Observe os trechos acima e copie de cada um deles a palavra que indica o que fez:

a) a rainha: ____________________ **b)** a princesa: ____________________

8 O conto que você leu está organizado em **momentos**, em **partes**.
Cada uma dessas partes do conto tem um nome. Observe a palavra ou expressão destacada a seguir.
Ligue a parte ao nome correspondente.

Numa noite de tempestade, uma moça bateu no portão da cidade.	início ou começo
Na manhã seguinte, a moça reclamou, provou ser uma verdadeira princesa e se casou com o príncipe.	complicação
Era uma vez um príncipe que queria se casar.	momento de suspense
Então, a rainha colocou um grão de ervilha na cama da moça para testar se ela era uma princesa.	final ou desfecho

Hora de organizar o que estudamos

Completem o quadro do esquema em que faltam informações:

Conto maravilhoso

Narrativa de fatos e acontecimentos imaginados

Organização

Elementos
- Personagens
- Tempo, geralmente indefinido
- Espaço
- Narrador

Momentos
- Começo
- Complicação
- Suspense
- Final ou desfecho

Intenção/finalidade
- Entreter
- Estimular a imaginação

Leitor/público
- ____

Outras linguagens

Os contos maravilhosos sempre marcaram muito a lembrança das pessoas. E isso é tão forte que essas narrativas atravessaram os tempos e foram escritas e reescritas por vários autores.

Muitas dessas histórias já foram representadas em filmes, desenhos animados e em peças teatrais pelo mundo inteiro.

- Veja a seguir uma cena de uma peça teatral sobre o conto "Cinderela", uma dessas histórias que atravessaram o mundo.

Sara Krulwich/The New York Times/Fotoarena

Espetáculo *Cinderella*, de Rodgers and Hammerstein. Nova York, Estados Unidos, 2013.

- Observe o cenário, isto é, o espaço. Observe também como os personagens estão vestidos e o que estão fazendo.
- Leia ou relembre a história e veja a que momento essa cena pode se referir.

Tecendo saberes

Juntos, leiam o texto abaixo e conheçam um pouco mais sobre Hans Christian Andersen, autor de "A princesa e a ervilha".

Hans Christian Andersen nasceu em 2 de abril de 1805, na cidade de Odense, ilha de Fiônia, na Dinamarca.

Hans aprendeu desde cedo a gostar de arte e literatura com seu pai, que construía teatro de fantoches para suas brincadeiras e lia para ele obras de La Fontaine, Shakespeare, "As mil e uma noites", entre outros. [...]

Hans Christian Andersen, com 30 anos de idade, escreveu seu primeiro conto de fadas: Eventyr Fortalle for Born (contos infantis). Até 1872 produziu cerca de 150 contos e histórias, convertendo-se no nome mais popular da literatura para crianças na Europa. Seus contos tiveram como raiz a tradição oral, popular, e a vida real. Destacou-se por sua originalidade em criar histórias e personagens.

Por sua contribuição à literatura infantil e juvenil, o dia de seu nascimento é atualmente o Dia Internacional do Livro Infantojuvenil e, além disso, o mais importante prêmio internacional do gênero tem seu nome. [...]

Algumas obras: "O patinho feio", "A roupa nova do imperador", "O soldadinho de chumbo", "O rouxinol e o imperador da China", "A pequena sereiazinha" (símbolo da cidade de Copenhague), entre outras.

Disponível em: <www.prefeitura.sp.gov.br/cidade/secretarias/cultura/bibliotecas/bibliotecas_bairro/bibliotecas_a_l/hanschristianandersen/index.php?p=150>. Acesso em: 7 fev. 2020.

- Respondam: Por que **2 de abril** é o Dia Internacional do Livro Infantojuvenil?

Prática de oralidade

Conversa em jogo

Ser sensível

- Podemos dizer que uma pessoa é sensível quando se emociona com facilidade e demonstra gestos de humanidade, como afeto e compaixão.
  De acordo com o príncipe, só uma verdadeira princesa seria sensível. Você concorda com essa afirmação? Justifique sua opinião.

Roda de histórias

Você leu um conto que só poderia acontecer na imaginação. Há muitas histórias assim: são os contos maravilhosos e as fábulas.

Converse com os colegas sobre histórias como "A princesa e a ervilha". Sigam as sugestões.

- Vão à biblioteca e pesquisem livros de histórias maravilhosas.
- Escolham os livros de que mais gostaram e levem-nos para a sala de aula.
- Montem uma roda e leiam as histórias em voz alta para os colegas.

Aí vem... conto maravilhoso

Ouça e acompanhe a leitura do conto a seguir.

O jovem herói

Há muitos e muitos anos, vivia na Holanda um menino chamado João.

Certo dia, sua mãe pediu a ele para levar alguns queijos à casa da avó.

Quando voltava, passou pelos diques e se lembrou do que o pai havia explicado sobre eles:

"Os diques são muros de pedra que servem para impedir que o mar entre na cidade e a inunde".

Na mesma hora, João escutou um forte ruído de água. Aproximou-se do dique e viu que havia uma fenda no muro e que a água estava passando por ela com muita força e que poderia derrubar o dique. Tentou tapar o buraco com uma das mãos, mas não era suficiente. Então colocou as duas. Pediu ajuda, mas, com o forte ruído do mar, ninguém ouviu.

Passaram-se horas e João, sem tirar as mãos do buraco, e gelado e frio, permaneceu ali corajosamente.

Andréia Vieira/Arquivo da editora

Na manhã seguinte, alguns vizinhos o socorreram e consertaram a rachadura.

João foi levado para a cidade nos ombros dos moradores e recebeu uma medalha de herói por sua valentia.

Maria Luisa de Abreu Lima Paz (Org.). **Já sei ler:** 20 contos mágicos. Barueri: Girassol, 2010.

Produção de texto

Reconto de história: "O jovem herói"

Produção coletiva

Muitas vezes, quando lemos ou ouvimos uma história de que gostamos, queremos contá-la para que outros também tenham o mesmo prazer que nós tivemos.

Para isso, precisamos saber que, ao recontar uma história, não podemos nos esquecer das partes mais importantes. Vamos ver que partes são essas.

Planejamento e preparação

Procurem lembrar os fatos observando as expressões ou palavras em destaque das partes principais da história.

Ilustrações: Vanessa Alexandre/Arquivo da editora

1

Início:

Há muitos e muitos anos...

2

Complicação:

Na mesma hora, João escutou...

Ilustrações: Vanessa Alexandre/Arquivo da editora

3

Suspense:

Tentou...

4

Final:

Na manhã seguinte...

Vocês serão os narradores, por isso podem falar, com as próprias palavras, o que aconteceu de importante em cada uma das partes.

Escrita

1. Um aluno ou a professora deverá registrar na lousa como a história ficará.
2. Não se esqueçam de que vocês vão construir um **texto em prosa**: com linhas contínuas e com parágrafos.

Revisão e reescrita

1. Releiam e ajudem a professora a reescrever o que for necessário.
2. Copiem o texto final no caderno para registrar o que vocês ajudaram a produzir.

Leitura em voz alta

Releiam para memorizar a história e contem-na com bastante expressividade para quem gosta de ouvir histórias.

Língua: usos e reflexão

Adjetivos

1 Você viu no conto "A princesa e a ervilha" que o príncipe queria uma princesa para se casar, mas achou difícil conseguir, porque ele não encontrava a qualidade que procurava. Veja:

O que ele queria → princesa

Qualidade → verdadeira

Na sua opinião, quais qualidades uma princesa poderia ter? Escolha três e escreva a seguir.

princesa → ______________

princesa → ______________

princesa → ______________

A palavra que dá nome à personagem é **princesa**.

A palavra **princesa** é um **substantivo**.

2 Observe como o substantivo **princesa** e o substantivo **príncipe** foram caracterizados no início do conto.

princesa molhada
- princesa → substantivo
- molhada → estado em que a princesa se encontrava

príncipe abatido
- príncipe → substantivo
- abatido → estado em que o príncipe se encontrava

Os **substantivos** dão nome também a lugares, objetos e sentimentos.

Existem palavras que expressam a qualidade ou o estado dos substantivos, caracterizando-os. Complete o esquema escrevendo uma qualidade ou um estado para caracterizar o substantivo.

Ilustrações: Vanessa Alexandre/ Arquivo da editora

tempestade ______________

↓ substantivo | ↓ qualidade ou estado

príncipe ______________

↓ substantivo | ↓ qualidade ou estado

edredons ______________

↓ substantivo | ↓ qualidade ou estado

______________ moça

↓ qualidade ou estado | ↓ substantivo

______________ princesa

↓ qualidade ou estado | ↓ substantivo

______________ quarto

↓ qualidade ou estado | ↓ substantivo

Palavras que acompanham os substantivos, caracterizando-os, são chamadas de **adjetivos**.

Adjetivos são palavras que indicam características dos substantivos.

Agora você

- Circule as palavras que expressam características dos substantivos destacados.

"Era uma coisa tão dura que fiquei toda cheia de manchas pretas e azuis."

A concordância entre as palavras na frase: gênero e número

1 Releia.

> Havia **uma princesa** parada lá fora.

E se fosse **um príncipe**?

Reescreva o trecho fazendo a substituição e observando o que muda.

____

____

Pinte, na frase que você reescreveu, as palavras que mudaram. Converse com os colegas sobre o que aconteceu.

2 Reescreva a frase abaixo mudando os **substantivos** destacados para o **feminino** e fazendo as alterações necessárias.

Os **empregados** prestativos ajudaram o **rei** esperto.

____

____

Na reescrita, foi necessário fazer a **concordância** entre os substantivos masculinos ou femininos e os adjetivos que os acompanhavam.

A concordância também pode ser feita com o **singular** e o **plural**.

3 Imagine que haja mais de uma princesa hospedada no palácio. Como fica a frase a seguir, passando para o plural o substantivo destacado?

O príncipe recebeu a linda **moça** humilde.

O príncipe recebeu _______________.

4 Reescreva as frases fazendo a concordância adequada entre as palavras.

a) A rainha foi esperta.

- O rei _______________.
- Os reis _______________.

b) Os ajudantes foram rápidos.

- As empregadas ______________________.
- O criado ______________________.

c) O povo estava agitado.

- As pessoas ______________________.

5 Você conhece o Ozzy? Ele é um personagem de história em quadrinhos. É um garoto que está sempre de mau humor. Veja como seu criador o apresenta.

> Cabeça-dura, tinhoso, marrudo, rabugento, metido, melequento, pestinha, bagunceiro, pirracento, chulé... chamam esse garoto de tudo quanto é coisa. Mas, quando perguntam seu nome, ele responde: meu nome é Ozzy.
>
> Angeli. **Ozzy!** São Paulo: Companhia das Letras, 2006. p. 3.

Ozzy.

Agora é sua vez:

a) Pense em uma personagem feminina parecida com Ozzy.

b) Desenhe essa personagem e invente um nome para ela.

c) Reescreva a apresentação de Ozzy para a personagem feminina que você criou, fazendo as adaptações necessárias.

6 Quais adjetivos não precisaram variar, pois serviram tanto para o Ozzy quanto para a sua personagem? ______________________

Palavras em jogo

Letra R em final de sílaba

As imagens não estão representadas em proporção.

1 Leia e observe a sílaba destacada.

ervilhas

Sheila Oliveira/Arquivo da editora

Outras palavras têm sílabas com **R** final. Preencha os espaços de acordo com as imagens e leia em voz alta as palavras que encontrou.

Tongsai/Shutterstock

________CO

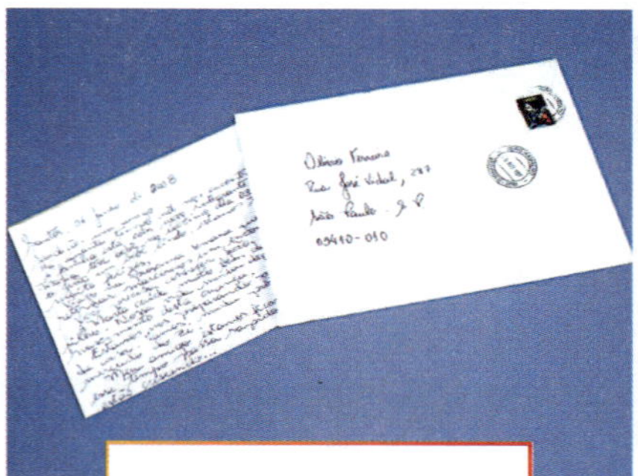
Hely Demutti/Arquivo da editora
________TA

Jorge Villalba/Istockphoto/Getty Images
CA________NA

James French/Image Source/Folhapress

________VORE

Photobac/Shutterstock
________MÁRIO

Winston Link/Shutterstock
TAM________

Zirconicusso/Shutterstock
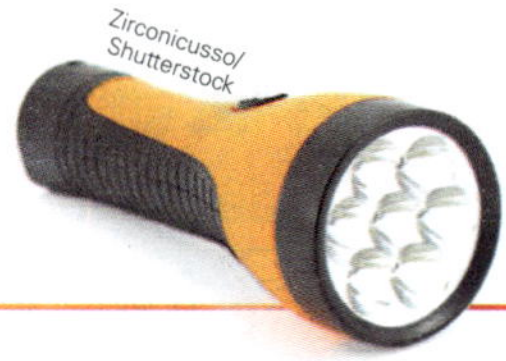
LAN________NA

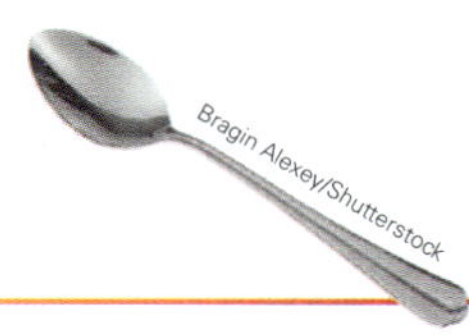
Bragin Alexey/Shutterstock
CO________

2 A sílaba com **R** final das palavras já está escrita. Complete o nome das figuras com as sílabas que faltam.

As imagens não estão representadas em proporção.

koya979/Shutterstock

POR__________

Roberto de Oliveira/Folhapress

__________SER__________

Undersea Discoveries/Shutterstock

TAR__________

Roman Yastrebinsky/Shutterstock

__________JUR

O **R** em **final de sílaba** pode estar no **início**, no **meio** ou no **fim** das palavras.

3 Leia as frases e observe as palavras destacadas.

O príncipe queria **casar**.

Escutou alguém **bater** na porta.

Depois de **entrar** no palácio, a princesa foi **dormir**.

Todas as palavras destacadas são ações. São chamadas **verbos**.

- Separe os verbos nas colunas de acordo com a terminação.

-ar	-er	-ir
__________	__________	__________
__________	__________	__________

4 Escrevam em cada quadro três palavras de acordo com o que se pede.

Palavras com R como em "tambor"	Palavras com R como em "barco, caverna, árvore"

Memória em jogo

Leiam juntos, em voz alta, o texto a seguir, pronunciando bem as sílabas terminadas em R. Memorizem o que conseguirem.

Depois escolham um trecho e o escrevam, de memória, na página 295.

Velha furunfunfelha

Era uma vez um caçador
furunfunfor, triunfunfor, misericuntor;
que foi à caça
furunfunfaça, triunfunfaça, misericuntaça;
e caçou um coelho [...]
Quando veio o caçador
furunfunfor, triunfunfor, misericuntor
procurar o almoço
furunfunfoço, triunfunfoço, misericuntoço
perguntou assim:
— Velha furunfunfelha, triunfunfelha, misericuntelha,
onde está minha caça
furunfunfaça, triunfunfaça, misericuntaça?
— Ó meu senhor
furunfunfor, triunfunfor, misericuntor! —
disse a velha
furunfunfelha, triunfunfelha, misericuntelha. —
O seu coelho
furunfunfelho, triunfunfelho, misericuntelho,
comeu-o o gato
furunfunfato, triunfunfato, misericuntato...

Vanessa Alexandre/Arquivo da editora

Ciça. **O livro do trava-língua**. 5. ed. Rio de Janeiro: Nova Fronteira, 1986. p. 21-22.

Assim também aprendo

- Circule os adjetivos da trilha e escolha o caminho para chegar ao tesouro. Cuidado, porque o caminho correto é o que passa pelos maiores perigos!

Ilustrações: Andréia Vieira/Arquivo da editora

O que estudamos

Autoavaliação

Pinte ou faça um **X** na coluna que mostra como você se saiu nesta unidade.

Unidade 6		Avancei	Preciso estudar mais
Gênero	Leitura e interpretação de **conto maravilhoso**		
	Organização do conto: elementos (personagem, tempo, espaço, narrador); partes (começo, complicação, suspense, final)		
	Produção de texto: reconto de história seguindo as partes: começo, complicação, suspense, final		
Estudo sobre a língua	Adjetivo		
	Concordância entre palavras na frase: gênero (feminino e masculino) e número (singular e plural)		
	Sílabas terminadas em R		
Oralidade	Participação nas atividades orais		

Sugestões de...

Livro

Pandolfo Bereba, de Eva Furnari, publicado pela editora Moderna.

Todos sempre esperam que os príncipes sejam lindos, encantadores e perfeitos. Pois fiquem sabendo que Pandolfo Bereba não era nem lindo, nem encantador e muito menos perfeito. Depois de ler esta história, você vai entender que príncipe também é gente.

Reprodução/Editora Moderna

Unidade

7 Conto popular

Nesta unidade você vai...

- ler e interpretar um conto popular;
- identificar partes e elementos do conto;
- recontar a história;
- estudar as diferenças entre língua falada e língua escrita;
- estudar o verbo como marcador de tempo presente, passado e futuro;
- estudar as terminações **-am** e **-ão** nos verbos;
- participar de atividades orais.

- O que as pessoas da cena estão fazendo? Elas parecem se divertir?
- Você gosta de se reunir com outras pessoas para contar e ouvir histórias? Por quê?

Giz de Cera/Arquivo da editora

Para iniciar

Pipa personalizada

Pipa, **papagaio**, **arraia**, **raia**, **pandorga**: vários nomes para um mesmo brinquedo, muito popular no Brasil.

Através do tempo, de geração em geração, os mais velhos vêm ensinando as crianças a construir e empinar pipas no céu, tanto na cidade quanto no campo. Seja qual for o nome dado a esse brinquedo na sua região, o que todo mundo precisa saber é que nunca se deve brincar com ele perto de fios de eletricidade, não é?

Pipas de diferentes cores, formatos e tamanhos podem ser feitas com **material** simples e fácil de ser encontrado: papel de seda, varetas de bambu, cola, tesoura com pontas arredondadas, linha.

- Que tal fazer uma pipa? Observe o **modo de fazer** na sequência de imagens. Mãos à obra!

Material

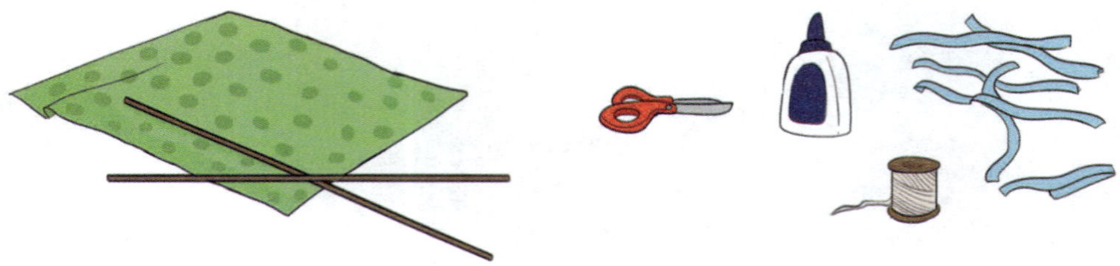

Modo de fazer

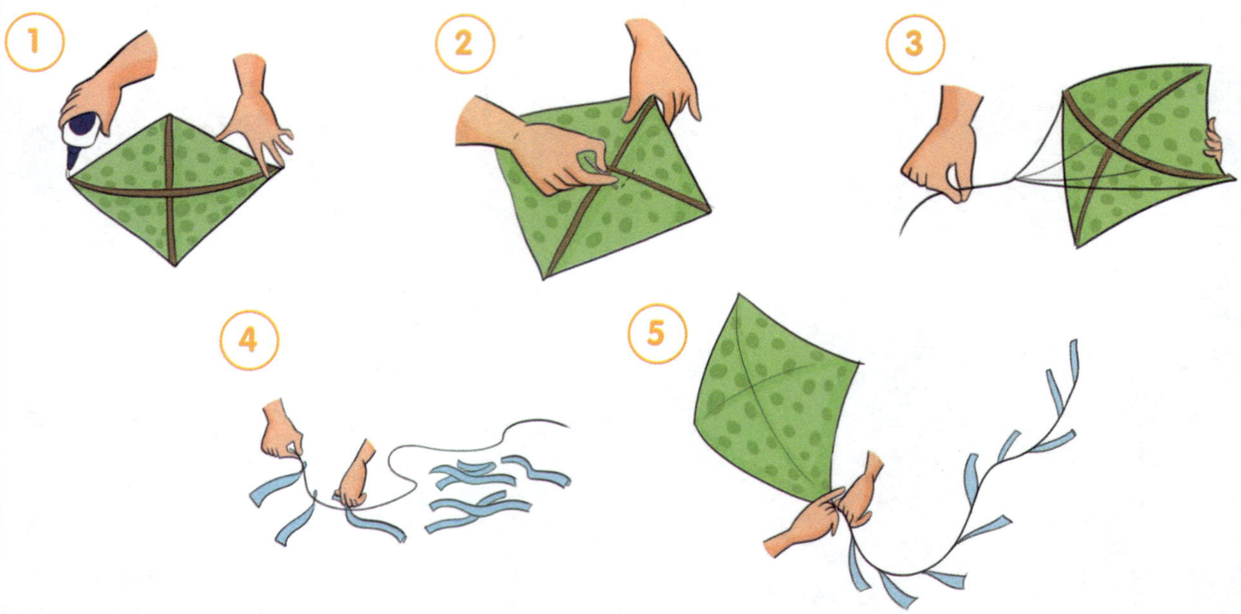

Ilustrações: Vanessa Alexandre/Arquivo da editora

Você já ouviu alguma história antiga, mas muito conhecida? Qual?

Há histórias que são chamadas de contos populares e são transmitidas de geração em geração. Você vai ler um conto popular sobre um sapo muito esperto.

Por que será que esse sapo é tão esperto?

Leia silenciosamente para descobrir.

Leitura: conto popular

O sapo com medo d'água

O sapo é esperto. Uma vez o homem agarrou o sapo e levou-o para os filhos brincarem. Os meninos judiaram dele muito tempo e, quando se fartaram, resolveram matar o sapo. Como haviam de fazer?

— Vamos jogar o sapo nos espinhos!

— Espinho não fura meu couro — dizia o sapo.

— Vamos queimar o sapo!

— Eu no fogo estou em casa!

— Vamos sacudir ele nas pedras!

— Pedra não mata sapo!

— Vamos furar de faca!

— Faca não atravessa!

— Vamos botar o sapo dentro da lagoa!

Aí o sapo ficou triste e começou a pedir, com voz de choro:

— Me bote no fogo! Me bote no fogo! N'água eu me afogo! N'água eu me afogo!

— Vamos para a lagoa — gritaram os meninos.

Foram, pegaram o sapo por uma perna e, t'xim bum, rebolaram lá no meio. O sapo mergulhou, veio em cima d'água, gritando satisfeito:

— Eu sou bicho d'água! Eu sou bicho d'água!

Por isso quando vemos alguém recusar o que mais gosta, dizemos:

— É o sapo com medo d'água...

Ilustrações: Vanessa Alexandre/Arquivo da editora

Luís da Câmara Cascudo. **Contos de animais**.
São Paulo: Global, 2013. p. 18.

Sobre o autor

Arquivo do jornal Folha de S.Paulo/Folhapress

Luís da Câmara Cascudo nasceu em 1898 em Natal, Rio Grande do Norte, e morreu em 1986 nessa mesma cidade. É considerado um dos mais respeitados pesquisadores do folclore do Brasil. Ao longo de sua trajetória, recolheu e registrou muitas histórias e cantigas da cultura popular brasileira, transmitidas oralmente de geração em geração.

Reprodução/Editora Global

Interpretação do texto

1. Releia a história e pinte no texto:
   - de **amarelo** as falas dos meninos;
   - de **verde** as falas do sapo.

2. Os trechos que não foram pintados pertencem à fala do **narrador**.

   Narrador é quem conta a história.

   Pinte os quadrinhos das frases abaixo que pertencem ao narrador.

   - [ ] Vamos para a lagoa [...]
   - [ ] Pedra não mata sapo!
   - [ ] Uma vez o homem agarrou o sapo e levou-o para os filhos [...]
   - [ ] O sapo mergulhou, veio em cima d'água, gritando [...]

3. Quem são os personagens dessa história?

   ____

4. Observe a frase a seguir e responda.

   Espinho não fura meu couro.

   a) Quem disse essa frase? ______________________

   b) Que palavras você observou para dar essa resposta? ______________________

5. Qual é a diferença entre as duas construções abaixo? Converse com os colegas.

   – Vamos para a lagoa – gritaram os meninos.
   Os meninos gritaram que iriam para a lagoa.

6 O que o homem fez com o sapo?

____

____

7 Releia a frase:

> [...] quando **se fartaram**, resolveram matar o sapo.

Que palavras ou expressões podem ser usadas no lugar da que está destacada, mantendo o mesmo sentido?

____

8 Ligue o que os meninos usariam contra o sapo a cada um dos argumentos do animal para se salvar.

	espinhos	afoga o sapo
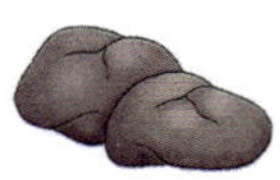	pedras	se sente "em casa"
	fogo	não atravessam a pele
	água	não matam o sapo

Ilustrações: Camila de Godoy/ Arquivo da editora

9 Os meninos maltrataram o sapo e queriam usar contra ele aquilo que mais prejudicasse o animal. Conversem: O que vocês acham dessa atitude?

10 A história começa com a frase: "O sapo é esperto".
Qual foi a esperteza do sapo?

____

____

11 Esse conto popular traz palavras e expressões que revelam **marcas da língua falada**, isto é, da linguagem do dia a dia, mais informal.

Copie do texto um exemplo de:

a) palavra formada pela junção de dois sons em um só: ____________________

b) palavra que imita um som (onomatopeia): ____________________

c) repetição: ____________________

12 Releiam o final da história e conversem sobre ele.

Por isso quando vemos alguém recusar o que mais gosta, dizemos:

— É o sapo com medo d'água...

Que frase poderia substituir a frase final, com o mesmo sentido?

Hora de organizar o que estudamos

Completem o esquema com as palavras do quadro.

imaginação	narrador	informal	oralmente	suspense

Conto popular

Narrativa de acontecimentos imaginados transmitida ____________________ de geração em geração

- Intenção/ finalidade
  - Entreter
  - Estimular a ____________________ ____________________
- Linguagem
  - Marcas da língua falada
  - Mais ____________________
- Leitor
  - Quem gosta de ler ou de ouvir histórias
- Organização
  - Elementos
    - Personagens
    - Tempo
    - Espaço
    - ____________________
  - Momentos
    - Começo
    - Complicação
    - ____________________
    - Final

Tecendo saberes

Outros sapos

1 Você já sabe que o sapo do conto não tem medo de água. Quer conhecer mais sobre esse animal? Leia algumas informações no texto a seguir. Depois, converse com os colegas sobre elas.

Existem cerca de 4800 espécies de sapos. [...]

Os sapos comem muitos insetos de várias espécies, como: moscas (adultas e larvas), baratas, pernilongos, formigas, pulgões, besouros, lagartas e vagalumes.

Além de insetos, comem outros animais invertebrados, como aranhas, lesmas e minhocas. Assim eles controlam a população de insetos e de outros invertebrados que causam grandes prejuízos para a agricultura e transmitem doenças.

Fabio Colombini/Acervo do fotógrafo

Sapo-cururu.

Disponível em: <www.ninha.bio.br/biologia/sapos.html>. Acesso em: 13 fev. 2020

2 **Hora da pesquisa**. Em grupos, pesquisem mais sobre os sapos: onde vivem, como se alimentam, como se protegem e outras curiosidades. Anotem todas as informações e aguardem o momento de contar para os colegas suas descobertas.

Prática de oralidade

Dramatização do texto

Vamos dramatizar a história "O sapo com medo d'água". Observem as etapas:

- Formem grupos para representar os seguintes personagens: pai, meninos e sapo; se quiserem, vocês podem também ter um narrador.
- Observem que será preciso inventar uma fala para o pai.
- Se optarem por montar um cenário, outros alunos poderão ajudar.
- Para a dramatização: ensaiem bem o texto, memorizando as falas dos personagens. Acrescentem falas para tornar a história mais envolvente.
- Ensaiem dizer as falas do texto com o rosto voltado para o público, para que sejam bem ouvidos.
- Combinem com a professora o dia das apresentações.

Produção de texto

Reconto de história

Ao recontar uma história, não podemos nos esquecer das partes mais importantes. Vamos ver que partes são essas.

Planejamento

1. Escreva cada parte da história lida nos quadros correspondentes.

- O sapo engana os meninos e se salva.
- O sapo chora e pede que o joguem no fogo, mas não na água.
- O homem leva o sapo para os filhos brincarem.
- Os meninos ficam em dúvida sobre como matar o sapo.

Ilustrações: Vanessa Alexandre/Arquivo da editora

Início da história

Complicação da história

Suspense na história

Final ou desfecho da história

2. Releia os quadros preenchidos e reconte a história, seguindo as partes. Você será o narrador, por isso pode falar, com suas próprias palavras, o que aconteceu. Conte o que os personagens disseram em vez de reproduzir as falas deles. Por exemplo, o trecho "— N'água eu me afogo!" poderá ser reescrito desta forma: "O sapo disse que na água iria se afogar.".

Escrita

Registre a história em um rascunho. Faça um parágrafo para cada parte da história.

Revisão e reescrita

1. Releia o que você escreveu e verifique se:
   - você fez parágrafos ao registrar a história;
   - há palavras cuja escrita lhe parece "estranha". Se houver, tire a dúvida sobre como escrever voltando ao texto original ou conferindo em um dicionário.
2. Troque de texto com um colega. Comparem as semelhanças e as diferenças entre as duas produções: Vocês contaram a história usando a mesma organização?

Outras linguagens

Os sapos fazem parte de várias histórias. Esses personagens espertos são motivo para obras de muitos artistas. Veja:

Escultura em pedra

vilax/Shutterstock

Pintura de Rebecca Campbell

Bridgeman Images/Easypix Brasil/Coleção particular

Não julgue o livro pela capa (2016), de Rebecca Campell. Óleo sobre linho, 45,5 cm × 35,5 cm. Coleção particular.

Xilogravura de J. Borges

J.Borges/Memorial J. Borges

Príncipe sapo (2009), de J. Borges. Xilogravura em papel, 33 cm × 24 cm.

As imagens não estão representadas em proporção.

Qual das imagens mais chamou a sua atenção? Por quê?

Observe que, em algumas dessas imagens, o sapo tem uma coroa.

Que tal procurar a história "O príncipe sapo" para conhecer mais sobre esse sapo-príncipe?

Reprodução/Editora L&PM

Língua: usos e reflexão

Língua falada e língua escrita

Atividade oral e escrita

1 Releia as expressões destacadas.

— É o sapo com medo **d'água**...

N'água eu me afogo!

Vanessa Alexandre/ Arquivo da editora

a) O sinal destacado tem o nome de **apóstrofo**. Você sabe para que serve o apóstrofo?

b) Leia em voz alta as expressões e observe a diferença:

medo **de água**	**Na água** eu me afogo!
↓	↓
medo **d'água**	**N'água** eu me afogo!

Que diferença existe entre essas expressões na fala e na escrita?

2 Leia a tirinha a seguir.

Mauricio de Sousa. Turma da Mônica. **O Estado de S. Paulo**, jan. 2014, Caderno 2, p. C4.

a) Por que Chico Bento oferece doces a Rosinha?

____

____

b) Releia o último quadrinho. Que junção de palavras indica a confusão de Chico Bento? ______________________

c) Que palavras essa expressão substitui? ______________________

3 Muitas vezes juntamos palavras sem usar apóstrofo. Leia esta tirinha e observe a junção que aparece nela.

Ziraldo. **As melhores tiradas do Menino Maluquinho**. São Paulo: Melhoramentos, 2000. p. 37.

a) Para Maluquinho, o que tornava o Natal de antigamente mais bonito?

____

b) A palavra usada por Maluquinho representa a junção de quais palavras?

____

4 Leia mais esta tirinha.

Charles M. Schulz. Minduim. **O Estado de S. Paulo**, dez. 2013, Caderno 2, p. C6.

Nessa tirinha, os personagens estão falando espontaneamente, durante um jogo. Para mostrar isso, foram escritas palavras na forma reduzida, que usamos no dia a dia.

Transcreva essas palavras e escreva como seriam se não estivessem reduzidas.

---

5 Leia o trecho da história em quadrinhos a seguir:

Mauricio de Sousa. **Tina**. Mauricio de Sousa Editora/ Panini Comics, n. 27, p. 32.

a) Circule na história em quadrinhos as palavras escritas na forma reduzida.

b) Transcreva a expressão usada pelo personagem que representa a junção de duas palavras. Que palavras foram juntadas?

---

6 Na fala, é comum reduzir palavras. Faça uma lista de palavras reduzidas ou expressões em que aparecem palavras juntadas que você emprega nas conversas do dia a dia.

___

___

7 Releia a frase do conto "O sapo com medo d'água".

> [...] pegaram o sapo por uma perna e, **t'xim bum**, rebolaram lá no meio.

O que a expressão destacada poderia representar?

___

Verbo: um jeito de marcar o tempo

1 Releia este trecho do conto popular.

> Uma vez o homem **agarrou** o sapo e **levou**-o para os filhos brincarem. Os meninos **judiaram** dele muito tempo e, quando se **fartaram**, **resolveram** matar o sapo. Como **haviam** de fazer?

As palavras destacadas indicam as ações dos personagens. São **verbos**.

Grife no trecho as palavras ou expressões a que os verbos em destaque estão se referindo.

2 Responda: Esse trecho da história refere-se a:

- [ ] algo que ainda vai acontecer.
- [ ] algo que já aconteceu.
- [ ] algo que está acontecendo.

3 Ligue o tempo à explicação adequada.

presente	algo que ainda poderá acontecer
passado	algo que está acontecendo
futuro	algo que já aconteceu

4 No trecho a seguir, pinte as palavras que indicam o tempo **passado**.

> [Eles] Foram, pegaram o sapo por uma perna e, t'xim bum, rebolaram lá no meio. O sapo mergulhou, veio em cima d'água, gritando satisfeito [...]

5 Imagine que você esteja presenciando a cena do trecho da atividade anterior. Reescreva o trecho no momento **presente**, isto é, no momento em que os fatos estão acontecendo. Para ajudar, o início já é dado.

(Eles) vão, ____

____.

6 Agora, imagine que você ouviu o que os meninos disseram que iriam fazer com o sapo. Você corre para casa e conta para seus pais o que vai acontecer. Como ficará o mesmo trecho no **futuro**? Reescreva-o, fazendo as alterações necessárias.

(Os meninos maus) irão, ______________________________________

____.

7 Reescreva as frases a seguir como se você estivesse presenciando a cena no momento em que as ações acontecem, no presente. Confira as palavras destacadas.

a) O homem **agarrou** o sapo.

____

b) O homem **levou** o sapo para os filhos brincarem.

____

8 Imagine o sapo, no dia seguinte, contando para os amigos sapos o que falou para enganar os meninos. Reescreva as falas ditas por ele usando o tempo passado.

> — Espinho não fura meu couro [...]
> — Eu no fogo estou em casa!

> — Pedra não mata sapo!
> — Faca não atravessa!

— Eu disse que espinho não furava meu couro, que no fogo eu ______________

____

____

9 Reescreva as frases no tempo indicado.

Passado: Aí o sapo ficou triste.

Presente: ______________________________

Futuro: ______________________________

Passado: O sapo mergulhou.

Presente: ______________________________

Futuro: ______________________________

As palavras que variaram, isto é, que se alteraram indicando os tempos presente, passado e futuro, são **verbos**.

Hora de organizar o que estudamos

Completem o esquema com exemplos empregando o verbo **enganar**.

Verbo

↓

Palavra variável, que indica ação e marca o tempo em que os fatos acontecem

↓

Tempo

Presente	Passado	Futuro
______	______	______
______	______	______
______	______	______

Agora você

1 Leia os quadrinhos a seguir com os personagens Cascão e Dudu.

Mauricio de Sousa. **Almanaque do Cascão**. n. 38. Barueri: Panini Comics, mar. 2013. p. 74-75.

2 Copie uma fala de Cascão que mostra a zombaria que ele fez com Dudu.

3 Observe a expressão de Dudu no terceiro quadrinho e releia o que ele fala.

— Ah, é? Não **fala** mal, não, que eu **gosto** do parquinho, tá?

a) Releia os verbos destacados. Eles estão empregados no presente porque:

- [ ] mostram o que o menino sente no momento em que fala.
- [ ] mostram um fato que já tinha acontecido antes.
- [ ] mostram algo que ainda vai acontecer.

b) A quem a forma verbal **gosto** se refere? ______________________________

4 No quarto quadrinho, Cascão responde:

— Ainda mais que eu **sei** que o que você **quer** é alguém para te empurrar no balancinho!

Assinale o motivo por que Cascão usou os verbos destacados no presente.

- [ ] Mostrar um fato já acontecido antes.
- [ ] Mostrar certeza no momento em que está falando.
- [ ] Mostrar o que poderá acontecer.

5 Releia o último quadrinho.

Que verbo Cascão usa para indicar um fato acontecido no dia anterior?

____

6 Já vimos que, na língua falada, muitas vezes reduzimos palavras. Isso também acontece com os verbos. Leia o quadrinho a seguir.

© Mauricio de Sousa/Mauricio de Sousa Editora Ltda.

a) Que verbo está sendo usado na forma reduzida? ______________________

b) A que forma verbal essa forma corresponde?

____

7 Leia estas manchetes, isto é, estes títulos de notícias, e observe os verbos destacados.

Mulher nada em piscina suspensa a 20 metros de altura em hotel em Valdora, norte da Itália

Folha de S.Paulo, terça-feira, 6 dez. 2016, p. B10.

Dinossauros gigantes sul-americanos podem ter cruzado continentes, diz estudo

Disponível em: <www.bbc.com/portuguese/geral-37723997>. Acesso em: 12 dez. 2019.

População de animais selvagens caiu 58% desde 1970, diz estudo

Disponível em: <www.bbc.com/portuguese/geral-37786067>. Acesso em: 12 dez. 2019.

a) Em que tempo os verbos destacados foram empregados: no presente, no passado ou no futuro?

____

____

b) Que tempo foi o mais empregado nesses títulos de notícias?

____

c) Cada um dos verbos destacados se refere a um sujeito. Sublinhe o sujeito de cada um dos títulos de notícias.

Aí vem... conto popular

Leia o conto destacando a expressividade das falas dos personagens.

A flauta do tatu

A onça vivia falando que seu prato predileto era sopa de tatu. E ainda provocava:

— Você vai virar sopa! Você já é sopa! Você é sopa, tatu!

O tatu amolado inventou uma canção. Mas só cantava escondido na floresta:

— Vou fazer uma flauta com a canela / de uma onça que ainda é banguela. / Quer sopinha porque não tem dente. É porque não tem dente. [...]

Os amigos escutaram, contaram para ela... e ela foi ouvir. [...]

— O que é que você anda cantando aí?

— Eu? Eu ando cantando e dançando assim: vou fazer uma flauta com a coxinha / da peralta da galinha da vizinha. Galinha não tem dente. Galinha não tem dente. [...]

Só que, enquanto cantava e rebolava, o tatu tinha dançado em direção a sua toca. E a essa altura já entrava para dentro do buraco.

A onça saltou, enfiou a pata e por sorte ainda conseguiu agarrar alguma coisa.

Mas o bicho começou a rir:

— Hi, hi! A onça agarrou uma cobra e está crente que agarrou meu rabo.

A onça, com medo, largou o tatu e tratou de puxar a mão para fora. O danado riu com gosto desta vez:

— Ô sua boba! Era o meu rabo mesmo, hi, hi, hi!

— Pois agora eu não arredo daqui até você sair.

Foi o que a onça resolveu. E não arredou. Ficou assentada na frente do buraco, entra ano sai ano, sem comer nem beber. Até morrer.

Enquanto isso o tatu esburacou o mundo, saiu e entrou por todos os lugares da terra.

Quando os ossos da onça já estavam limpinhos, brilhando no sol, voltou e fez a flauta com uma canela.

E até hoje, quando ele toca, os bichos da floresta cantam assim... Ô gente, como era mesmo!?

Angela-Lago. **A flauta do tatu.** Rio de Janeiro: Rocco, 2005.

Palavras em jogo

As terminações -am e -ão nos verbos

Leia as frases a seguir em voz alta e observe as formas verbais destacadas.

Os meninos **soltam** o sapo.

Os meninos **soltaram** o sapo.

Os meninos **soltarão** o sapo.

a) Repita essas formas em voz alta:

soltam soltaram soltarão

b) Ao pronunciar essas palavras em voz alta, o que você pode perceber em relação ao som da terminação desses verbos?

____

____

Agora você

1. Complete o título de notícia com os verbos no **passado**. Faça a concordância adequada com o sujeito das frases.

Elefantes __________ (escapar) **de circo e** __________ (causar) **pânico em estacionamento**

Disponível em: <www.terra.com.br/noticias/ciencia/animais/videos/elefantes-escapam-de-circo-e-causam-panico-em-estacionamento,7371930.html>. Acesso em: 12 dez. 2019.

2. Complete a frase com o verbo indicado no **presente**.

Hienas __________ (atacar) **moradores de rua na capital da Etiópia**

Disponível em: <www.bbc.com/portuguese/noticias/2014/03/140302_hienas_etiopia_dg>. Acesso em: 12 dez. 2019.

3. Complete a frase com os verbos indicados no **futuro**.

Se os elefantes e as hienas não forem capturados, os moradores não __________ (dormir) em paz nem __________ (deixar) suas crianças brincarem fora de casa.

Memória em jogo

Leiam o trecho de um poema de Ferreira Gullar sobre outro sapo muito esperto. Releiam juntos com bastante expressividade e procurem falar os versos de memória.

Na página 296, escrevam o que lembrarem.

O Sapo

Aqui estou eu: o Sapo,
Bom de pulo e bom de papo.
Falo mais que João do Pulo,
pulo mais que o João do Papo.
Por cautela, falo pouco,
pra evitar ficar rouco.
[...]

Ferreira Gullar. **Dr. Urubu e outras fábulas**. Rio de Janeiro: José Olympio, 2005. p. 40.

Camila de Godoy/ Arquivo da editora

Assim também aprendo

- Leia a tirinha para saber se o beijo no sapo deu certo! Depois, converse com os colegas sobre o final da história.

Mauricio de Sousa. Banco de imagens MSP.

O que estudamos

Autoavaliação

Pinte ou faça um **X** na coluna que mostra como você se saiu nesta unidade.

Unidade 7		Avancei	Preciso estudar mais
Gênero	Leitura e interpretação de **conto popular**		
	Identificação da organização de um conto: elementos (personagem, tempo, espaço, narrador); partes (começo, complicação, suspense, final)		
	Reconto de história seguindo as partes: começo, complicação, suspense, final		
Estudo sobre a língua	Língua falada e língua escrita		
	Verbo: presente, passado e futuro		
	Terminações **-am** e **-ão** nos verbos		
Oralidade	Participação nas atividades orais		

Sugestões de...

Livros

Contos de bichos do mato, de Ricardo Azevedo, publicado pela Editora Ática.

Reprodução/Editora Ática

Na floresta não é só a lei do mais forte que funciona. Esperteza, malandragem e criatividade valem muito e, às vezes, conseguem vencer a força bruta. Este livro traz 24 narrativas e quadrinhas que mostram a poesia e a sabedoria popular.

Histórias à brasileira, de Ana Maria Machado, publicado pela editora Companhia das Letrinhas.

Reprodução/Companhia das Letrinhas

Neste livro, a autora compartilha com o leitor as histórias favoritas de sua infância, que ela ouviu alguém contar. As narrativas estão reunidas em quatro volumes e são contadas à maneira de quem as ouviu de seus familiares e juntou alguns detalhes para lhes dar mais sabor.

Unidade

8 Relato pessoal

Nesta unidade você vai...

- ler e interpretar um relato pessoal;
- produzir um relato pessoal;
- estudar as pessoas do verbo e a concordância verbal;
- identificar e usar pronomes pessoais e possessivos;
- observar o uso da expressão "a gente";
- estudar palavras com -ans, -ens, -ins, -ons, -uns;
- participar de atividades orais.

- O que você acha que pode estar acontecendo na cena representada?
- Você acha importante compartilhar com os colegas algumas experiências vividas por você?

Giz de Cera/Arquivo da editora

Para iniciar

Uma máscara diferente!

Você já pensou que as pessoas podem não agir da mesma forma o tempo todo? Em um momento podemos estar calmos como um gatinho dócil e, em outro momento, mais bravos que um tigre.

Vamos fazer uma máscara para representar dois lados diferentes de uma mesma pessoa. Leia o passo a passo e entre na brincadeira!

Vanessa Alexandre/Arquivo da editora

Material

- 2 pratinhos de papelão
- material para pintar a máscara
- elástico para unir as partes da máscara

Modo de fazer

1. Pense em dois animais bem diferentes, opostos. Por exemplo: um leão bravo e um coelho muito manso, ou um cachorro muito bravo e um cachorro muito manso.
2. Faça duas máscaras com desenhos de animais bem diferentes e una-as com o elástico.
3. Quando colocar na cabeça, o animal que cobrir o seu rosto deve representar o oposto do animal que ficará na parte de trás da cabeça.
4. Guarde as máscaras para uma atividade que será feita nesta unidade.

Podemos contar histórias imaginadas, mas podemos também contar fatos reais que aconteceram conosco. Nesses momentos podemos falar sobre o que vimos, sentimos, pensamos...

Isso é fazer **relatos pessoais**.

Leia a seguir o relato de um menino de 10 anos sobre um programa de TV.

Leitura: relato pessoal

Monstros dentro da gente

Assistindo ao programa "Que Monstro te Mordeu?", da TV Cultura, cheguei à conclusão de que todos nós temos muitos monstros dentro da gente. São os nossos sentimentos ruins, como raiva, egoísmo, ciúmes, inveja etc.

Os monstros ficam guardados e, em alguns momentos, eles aparecem e nos fazem sentir mal.

Para um monstro crescer, temos que alimentar o sentimento ruim. E, para fazer o monstro diminuir, temos que perceber que ele existe e pensar em coisas boas, pedir ajuda para adultos, amigos, familiares e professores.

Outro dia, um monstro cresceu dentro de mim quando minha mãe mandou eu parar de jogar *videogame*. Naquele momento, a raiva cresceu, cresceu, cresceu tanto, que eu respondi para ela.

Meu irmão veio conversar comigo, e, aos poucos, a coisa ruim foi diminuindo. Pedi desculpas para minha mãe e o sentimento desapareceu. Fiquei aliviado.

Portanto, sempre que perceber que um monstro está perturbando sua vida, procure se acalmar, respirar fundo e fazer o possível para se livrar dele.

João Vitor Marolla. Monstros dentro da gente.
Folha de S.Paulo, 21 mar. 2015. Folhinha, p. 8.

Sobre o autor

João Vitor Marolla foi colunista da Folhinha por um mês, no ano de 2015, quando tinha 10 anos. Na época, sua matéria preferida na escola era Ciências.

IDEIAS... DO JOÃO VITOR

Monstros dentro da gente

JOÃO VITOR MAROLLA, 10
COLUNISTA DA FOLHA

Assistindo ao programa "Que Monstro Te Mordeu", da TV Cultura, cheguei à conclusão de que todos nós temos muitos monstros dentro da gente. São os nossos sentimentos ruins, como raiva, egoísmo, ciúmes, inveja etc.

Os monstros ficam guardados e, em alguns momentos, eles aparecem e nos fazem sentir mal.

Para um monstro crescer, temos que alimentar o sentimento ruim. E, para fazer o monstro diminuir, temos que perceber que ele existe e pensar em coisas boas, pedir ajuda para adultos, amigos, familiares e professores.

Outro dia, um monstro cresceu dentro de mim quando minha mãe mandou eu parar de jogar videogame. Naquele momento, a raiva cresceu, cresceu, cresceu tanto, que eu respondi para ela.

Meu irmão veio conversar comigo, e, aos poucos, a coisa ruim foi diminuindo. Pedi desculpas para minha mãe e o sentimento desapareceu. Fiquei aliviado.

Portanto, sempre que perceber que um monstro está perturbando sua vida, procure se acalmar, respirar fundo e fazer o possível para se livrar dele.

© João Vitor Marolla/Folhapress

Interpretação do texto

Atividade oral e escrita

1. João Vitor, o menino autor do texto, fala em "monstros dentro da gente". Que "monstros" são esses? Converse com os colegas.

2. Escolha um dos "monstros" citados e desenhe como você o imagina.

3 Releia este trecho do relato "Monstros dentro da gente".

> Os monstros ficam guardados e, em alguns momentos, eles aparecem e nos fazem sentir mal.

a) O que quer dizer "Os monstros ficam guardados [...]"?

____

____

b) Marque um **X** nas alternativas que melhor explicam a ideia dessa frase.

- [ ] Só algumas pessoas têm sentimentos ruins.
- [ ] As pessoas podem ter sentimentos ruins e se sentirem mal por isso.
- [ ] Os sentimentos ruins que não expressamos podem reaparecer.

4 Qual foi o "monstro" ou sentimento que, um dia, cresceu dentro do menino, autor do texto? ____

5 Complete a frase.

O sentimento de raiva no menino foi provocado porque ______________________

____.

6 Como o menino se livrou do sentimento ruim?

____

____

7 Releia:

> [...] a raiva **cresceu, cresceu, cresceu** tanto [...]

Por que o menino escreveu a palavra **cresceu** três vezes?

____

____

8 Numere os parágrafos do texto.

a) Escreva o número dos parágrafos que relatam o fato acontecido com o menino. ______________________________

b) Copie do último parágrafo a palavra que mostra que é uma conclusão.

____

9 O autor dá ideias para não deixar os sentimentos ruins tomarem conta de nós.

a) Marque um **X** na ideia que, para você, é a melhor.

- [ ] Pensar em coisas boas.
- [ ] Pedir ajuda a um adulto.
- [ ] Pedir ajuda aos amigos.
- [ ] Respirar fundo e esperar passar.

b) Que outra sugestão você daria para esses sentimentos não crescerem dentro de nós? Converse com os colegas.

10 O texto que você leu é um **relato pessoal**: o menino conta um fato acontecido com ele mesmo.

a) Para saber como o texto está organizado, ligue as perguntas abaixo com as respostas correspondentes.

Perguntas	Respostas
Quem conta o fato?	Na casa do menino.
Quando aconteceu?	Um momento de raiva vivido pelo menino.
O que aconteceu?	O próprio autor.
Onde provavelmente aconteceu?	No passado.

b) Copie uma palavra do texto que mostra que é o menino que conta o fato.

____

____

c) Copie uma expressão do texto que mostra que o fato já tinha acontecido há algum tempo e ficou na memória, na lembrança do menino.

____

d) Marque um **X** na afirmação que completa adequadamente a frase a seguir.

Esse texto conta um fato:

- [ ] imaginado pelo menino.
- [ ] visto pelo menino na TV.
- [ ] vivido realmente pelo menino.
- [ ] contado ao menino pelo irmão.

11 Juntos, completem a frase a seguir para resumir o **assunto** do texto.

O texto fala sobre ____

____.

Quando uma pessoa fala de si mesma, contando fatos e experiências que realmente viveu, dizemos que está fazendo um **relato pessoal**.

Hora de organizar o que estudamos

Leiam as palavras do quadro a seguir e completem o esquema.

eu	memória	fatos reais	passado

Relato pessoal

↓

Texto que narra fatos vividos pela própria pessoa que conta

Intenção/finalidade
- Registrar fatos guardados na ____________ ____________

Linguagem
- Uso do ________ para mostrar que quem vive o fato é quem conta
- Geralmente, os fatos são contados no tempo ____________

Leitor
- Pessoas que gostam de ler sobre ____________ ____________

Prática de oralidade

Ilustrações: Vanessa Alexandre/ Arquivo da editora

Conversa em jogo

Monstros dentro da gente

1. Podemos ter nossos "monstros", mas também temos muitas características e sentimentos positivos.

   Você vai precisar da máscara de dois lados que você fez no começo desta unidade. O lado 1 representa um animal bravo e o lado 2 representa um animal manso.

   Use o lado 1 para falar de um "monstro" que você já sentiu dentro de você. O lado 2 você usará para falar do seu outro lado, que é o contrário do "monstro".

2. Além dos "monstros" que aparecem no relato do menino, converse com os colegas sobre outros sentimentos que podem nos atrapalhar no dia a dia e, às vezes, quase viram "monstros"!

Roda de relatos pessoais

Fazer relatos sobre si mesmo é uma forma de permitir que as outras pessoas conheçam um pouco mais sobre você.

- Pense em um fato marcante que aconteceu com você ou com alguém conhecido que tenha despertado algum sentimento muito forte: alegria ou tristeza, raiva ou amor, decepção ou encantamento, inveja ou admiração, coragem ou medo...

  a) Se quiser, prepare-se para contar o fato para os colegas da sala. Relembre:
     - Quem viveu esse fato?
     - Quem estava presente?
     - Quando ele aconteceu?
     - Como aconteceu?
     - Onde?
     - Quais sentimentos o fato despertou?

  b) Espere a vez de ser chamado.

  c) **Lembre-se**: os fatos são pessoais, falam dos sentimentos de cada um. Foram importantes para quem os viveu e por isso devem ser respeitados.

  d) Se quiser perguntar alguma coisa, levante a mão e fale com respeito.

Tecendo saberes

As pinturas como registro

Nas paredes da pré-história

Assim como você gosta de rabiscar um caderno, os habitantes do Brasil pré-histórico também tinham lá suas obras de arte – só que, há milhares de anos, o local escolhido para deixá-las eram as paredes de cavernas e rochas espalhadas por aí. Conhecidos como pinturas e gravuras rupestres, muitos desses desenhos estão preservados até hoje e vão sendo, aos poucos, descobertos pelos cientistas. [...]

Disponível em: <http://chc.cienciahoje.uol.com.br/nas-paredes-da-pre-historia/>. Acesso em: 30 out. 2017.

Thomaz Vita Neto/Tyba

Desenho rupestre no Sítio Arqueológico Gruta das Araras, Serranópolis, Goiás (GO), 2014.

Outras linguagens

No relato, João Vitor diz ter assistido ao programa **Que monstro te mordeu?**. Veja o cartaz do programa que levou o menino a pensar sobre seus monstros.

Cartaz da série televisiva **Que monstro te mordeu?**, criada por Cao Hamburguer, que estreou em novembro de 2014.

Outra forma de conhecer monstros é assistindo ao filme **Onde vivem os monstros**. No filme, o personagem Max não consegue lidar com o monstro da raiva e foge de casa. Na beira do lago, encontra um barco e sai para navegar, chegando a uma ilha estranha, cheia de monstros assustadores. Veja uma cena.

Cena do filme **Onde vivem os monstros** (Warner, Estados Unidos, 2010).

Observando os monstros retratados nas imagens acima, responda: Eles provocam medo em você? Por quê?

Aí vem... relato pessoal

Leia um relato do escritor Daniel Munduruku que relembra sua infância na aldeia em que vivia.

Brincar para aprender

Adilson Farias/Arquivo da editora

Assim a gente aprendia. Não precisava ninguém chamar nossa atenção ou implorar que a gente ficasse quieto para poder falar. Não. Todos nós tínhamos que fazer respeitoso silêncio quando algum adulto, especialmente se fosse já um avô ou avó, falava. Eles falavam e a gente ouvia.

E o mais interessante é que eles sempre diziam a mesma coisa: é preciso estarmos atentos aos sinais da natureza. Ela nos revela quem somos e qual o melhor caminho a seguir.

— Mas como "ouvir" esses sinais, meu avô? — perguntávamos sem receio.

— Vocês têm que brincar, meus netos. Vocês têm que brincar — respondia o velho sorrindo.

E não adiantava perguntar o que poderiam significar aquelas suas palavras. Desde criança aprendíamos que as palavras significavam muitas coisas ao mesmo tempo e que é preciso ir atrás do significado delas para poder compreendê-las. E assim fazíamos.

Na aldeia acordamos sempre muito cedo. É costume. Faz parte do nosso jeito. Acordamos cedo para poder aproveitar bem o dia e para que possamos realizar todas as importantes tarefas cotidianas: ir à roça coletar raízes, coletar frutas no mato, preparar farinha, caçar, pescar. É claro que a maioria dessas atividades quem faz são os adultos, enquanto as crianças observam para aprender corretamente. Os adultos dizem que isso faz parte de nosso aprendizado, mas não devemos esquecer que somos crianças e que é preciso aproveitar esse momento de nossa vida. Eles costumam dizer que não somos adultos em miniatura e sim crianças completas! Crianças têm de ser crianças e não devem fazer esforços que são dos adultos!

Sabendo disso, aproveitávamos o máximo que podíamos, pois tínhamos o apoio de nossos pais e proteção de toda a comunidade.

Daniel Munduruku. **Catando piolhos, contando histórias**. São Paulo: Brinque-Book, 2006. p. 15-16.

Língua: usos e reflexão

As pessoas do verbo e a concordância verbal

Na unidade anterior, você estudou que os **verbos** são palavras que variam e podem indicar o tempo em que os fatos acontecem.

1 Releiam juntos o trecho a seguir.

> Outro dia, um monstro cresceu dentro de mim quando minha mãe mandou eu parar de jogar *videogame*. Naquele momento, a raiva cresceu, cresceu, cresceu tanto, que eu respondi para ela.

a) Copie desse trecho palavras ou expressões:

- que **não sejam verbos** e indiquem o tempo em que está sendo contado o fato.

____

- que **sejam verbos** e indiquem o tempo em que está sendo contado o fato.

____

____

b) Observe os verbos que você copiou: Qual é o tempo em que o fato está sendo contado?

____

c) Reescreva as frases **variando** a forma verbal para indicar o tempo mostrado entre parênteses.

- A raiva cresceu, cresceu tanto... (passado)

A raiva _______________ tanto... (presente)

A raiva _______________ tanto... (futuro)

- Fiquei aliviado. (passado)

_______________ aliviado. (presente)

_______________ aliviado. (futuro)

A seguir, vamos ver que os verbos também **variam** para indicar a **pessoa** a que se referem.

Vanessa Alexandre/Arquivo da editora

2 Leia a frase abaixo.

> [...] eu **respondi** para ela.

Nessa frase, o verbo se refere à palavra **eu**.

a) Ligue as frases à pessoa a quem o verbo está se referindo.

Respondemos para ela.	você
Respondem para ela.	nós
Responde para ela.	eles

b) Faça o mesmo com as frases a seguir.

Cheguei à conclusão...	você
Chegamos à conclusão...	nós
Chegaram à conclusão...	eu
Chegou à conclusão...	eles

Às vezes, a palavra a que o verbo se refere não aparece.

3 Leia os trechos a seguir e escolha a palavra adequada para preencher os espaços.

Atenção: As formas verbais destacadas são as pistas para descobrir as respostas.

eu	vocês	ele	nós

a) Para um monstro crescer, ____________ **temos** que alimentar o sentimento ruim.

b) ____________ **pedi** desculpas para minha mãe e o sentimento desapareceu.

c) ____________ **conversei** com meu irmão e ____________ **falou** para eu me acalmar.

d) Quando o monstro cresceu, ________________ **respiraram** fundo para se livrarem dele.

4 Releia algumas frases do texto "Monstros dentro da gente" e observe as formas verbais destacadas. Circule as palavras a que o verbo está se referindo.

a) Os monstros **ficam** guardados e, em alguns momentos, eles **aparecem** [...].

b) Naquele momento a raiva **cresceu**, **cresceu**, **cresceu** tanto, que eu **respondi** para ela.

c) Meu irmão **veio** conversar comigo, e, aos poucos, a coisa ruim **foi** diminuindo.

5 A seguir, escreva a forma verbal que corresponde à pessoa para completar as frases. Observe:

Eu fiquei aliviado.

Nós ______________________ aliviados.

Vocês ______________________ aliviados.

Eles ______________________ aliviados.

Você ______________________ aliviado.

Ele ______________________ aliviado.

Elena Eliseeva/Shutterstock

Os verbos variam para indicar pessoas diferentes: **eu**, **nós**, **você**, **vocês, ele** e **eles**.

Nas frases, os verbos concordam, isto é, estão de acordo com as pessoas a que se referem. Chamamos isso de **concordância verbal**.

Agora você

1 Observe a pessoa do início das frases e complete com o verbo no passado.

Eu **senti** muita raiva.

a) Você ______________________ muita raiva.

b) Nós ______________________ muita raiva.

c) Eles ______________________ muita raiva.

d) Vocês ______________________ muita raiva.

e) Ele ______________________ muita raiva.

2. Observe a pessoa do início das frases e complete com o verbo no futuro, fazendo as adaptações necessárias.

Ele não **deixará** o monstro crescer dentro dele.

a) Nós ____

____.

b) Eu ____

____.

c) Vocês ____

____.

d) Eles ____

____.

Pronomes pessoais

1. Releia o trecho:

> [...] minha mãe mandou eu parar de jogar *videogame*. [...] **eu** respondi para **ela**.

Complete:

a) A palavra **eu** refere-se ______________________________.

b) A palavra **ela** refere-se ______________________________.

As palavras **eu** e **ela** são chamadas de **pronomes pessoais**.

Veja como ficaria se você estivesse conversando com o menino:

Você respondeu para **ela**.

A palavra **você** também é um pronome pessoal.

Em algumas regiões do Brasil, no lugar do pronome **você** é empregado o pronome **tu**.

2 Conversem sobre o uso do pronome **tu**.

- Ele é empregado na região onde vocês moram?
- Vocês conhecem alguém que o utiliza, como pessoas com quem convivem, artistas, locutores de programas de rádio ou de televisão?

Leiam juntos um trecho de música infantil em que o pronome **tu** aparece.

Se essa rua fosse minha

Se essa rua
Se essa rua fosse minha
Eu mandava
Eu mandava ladrilhar
Com pedrinhas
Com pedrinhas de brilhante
Para o meu
Para o meu amor passar

Nessa rua
Nessa rua tem um bosque
Que se chama
Que se chama solidão

Dentro dele
Dentro dele mora um anjo
Que roubou
Que roubou meu coração

Se eu roubei
Se eu roubei teu coração
Tu roubaste
Tu roubaste o meu também
Se eu roubei
Se eu roubei teu coração
É porque
É porque te quero bem

Domínio público.

3 Ligue os **pronomes** à indicação correta.

eu	pessoa com quem se fala
você/tu	pessoa que fala
ele	pessoa de quem se fala

Além de substituir nomes, os **pronomes** indicam:

- a pessoa **que** fala;
- a pessoa **com quem** se fala;
- a pessoa **de quem** se fala.

Agora você

1 Leia a tira a seguir.

Fernando Gonsales. **Níquel Náusea**. São Paulo: Devir, 2002. p. 8.

Na tira, o uso do **eu** está indicando:

☐ a pessoa que fala.

☐ a pessoa de quem o personagem está falando.

☐ a pessoa com quem o personagem está falando.

2 Reescreva o texto do primeiro balão, fazendo as alterações de acordo com o pronome indicado.

Eu uso botas o dia inteiro.

a) Você ______________________.

b) Ele ______________________.

c) Nós ______________________.

d) Vocês ______________________.

e) Eles ______________________.

3 Leia as frases a seguir em voz alta.

Ricardo é um menino que sabe o que quer. **Ricardo** quer ajudar seus pais e, quando **Ricardo** crescer, **Ricardo** quer casar e ter muitos filhos.

Note que a palavra **Ricardo** aparece quatro vezes.

a) Reescreva o trecho de forma a evitar tantas repetições.

b) Como foi possível evitar as repetições no trecho?

Além de substituir nomes, os **pronomes** podem ajudar a evitar repetições desnecessárias nas frases.

4 Leia o trecho em voz alta. Observe as repetições que podem ser evitadas. Reescreva-o, eliminando as repetições desnecessárias.

Pretinho é meu cachorro. **Pretinho** nunca me mordeu porque **Pretinho** está acostumado comigo desde que eu era pequeno. Gosto de contar a história de **Pretinho** para outras pessoas.

Pronomes possessivos

1 Releia um trecho do relato "Monstros dentro da gente":

> [...] São os nossos sentimentos ruins, como raiva, egoísmo, ciúmes, inveja etc.

Qual é a palavra que indica posse, algo que pertence a alguém? ______

2 Copie da tirinha as palavras que indicam posse. ______

Fernando Gonsales. **Folha de S.Paulo**. São Paulo, 4 nov. 2009. p. E11.

3 Leia a frase a seguir:

> [...] Pedi desculpas para **minha** mãe e o sentimento desapareceu.

Nessa frase, a palavra destacada indica posse.

> Os pronomes que indicam que algo pertence a alguém e dão ideia de posse são os **pronomes possessivos**.

Pronomes pessoais	Pronomes possessivos
Eu	Meu, minha, meus, minhas
Nós	Nosso, nossa, nossos, nossas
Tu	Teu, tua, teus, tuas
Ele/Eles/Ela/Elas/Você/Vocês	Seu, sua, seus, suas

4 Circule os pronomes possessivos na tirinha.

© Fernando Gonsales/Acervo do cartunista

Fernando Gonsales. **Folha de S.Paulo**. São Paulo, 7 fev. 2010. p. E9.

5 Complete com pronomes possessivos, fazendo a concordância.

a) Eu ______________ desculpas para ______________ mãe.

b) Ele ______________ desculpas para ______________ mãe.

c) Nós ______________ desculpas para ______________ mães.

d) Elas ______________ desculpas para ______________ mães.

Hora de organizar o que estudamos

Leiam o esquema a seguir:

Pronomes

- **Pronomes pessoais**
  - Palavras que substituem ou fazem referência a nomes e ajudam a eliminar repetições nos textos
    - eu/nós; tu/vós; você/vocês; ele/ela; eles/elas
- **Pronomes possessivos**
  - Palavras que indicam posse
    - meu/minha; meus/minhas; teu/tua; teus/tuas; nosso/nossa; nossos/nossas; seu/sua; seus/suas

A linguagem do dia a dia

Uso de "a gente"

Atividade oral e escrita

1 Releia um trecho do relato "Brincar para aprender", de Daniel Munduruku:

> Assim **a gente** aprendia. [...] Todos nós tínhamos que fazer respeitoso silêncio quando algum adulto, especialmente se fosse já um avô ou avó, falava. Eles falavam e **a gente** ouvia.

a) Marque um **X** na alternativa correta. Pelo sentido do texto, ao usar a expressão **a gente**, Munduruku está se referindo:

- [ ] a ele mesmo e a outras crianças.
- [ ] a todos os índios da tribo.
- [ ] apenas às outras crianças.
- [ ] apenas a ele mesmo.

b) Que palavra ou expressão poderia ser colocada no lugar da expressão **a gente**? ______________________________

2 Releia este trecho do relato "Monstros dentro da gente".

> [...] cheguei à conclusão de que **todos nós** **temos** muitos monstros [...]

Agora veja outra forma de expressar a mesma ideia.

Cheguei à conclusão de que **a gente** **tem** muitos monstros.

A expressão **a gente** é muito usada no dia a dia, no cotidiano.
Observe que, quando empregamos essa expressão, o verbo é alterado.

3 Como podem ficar as frases a seguir substituindo a parte destacada pela expressão **a gente**? Reescreva-as fazendo as adequações necessárias.

a) **Nós** podemos fazer os sentimentos fortes diminuírem.

____

b) **Nós** não queremos deixar a raiva tomar conta de nós.

____

4 Leia o trecho de uma música.

Sono de gibi

Num clique,
A luz apaga
Parece que
A gente escuta mais
Um tique-taque
Um pingo no banheiro
A gente escuta até o nariz
[...]

Hélio Ziskind.
In: **Meu pé, meu querido pé**.
São Paulo: MCD, 1997. 1 CD. Faixa 17.

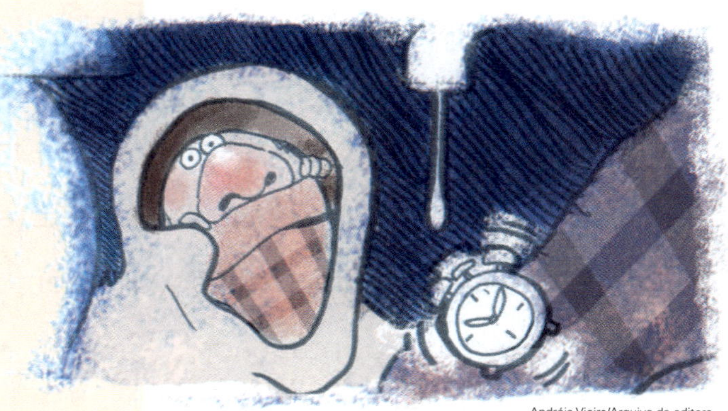

Andréia Vieira/Arquivo da editora

a) O que pode significar "A luz apaga"?

____

b) Você concorda que, quando ficamos no escuro, podemos escutar mais coisas? Explique e ouça a explicação dos colegas.

Produção de texto

Relato pessoal: um registro da memória

Agora é sua vez de produzir um **relato pessoal escrito**.

Planejamento

1. Escolha um fato que ficou marcado na sua memória: algo muito engraçado, uma coisa que o impressionou, algo de que você não se esquece.
2. Relembre:

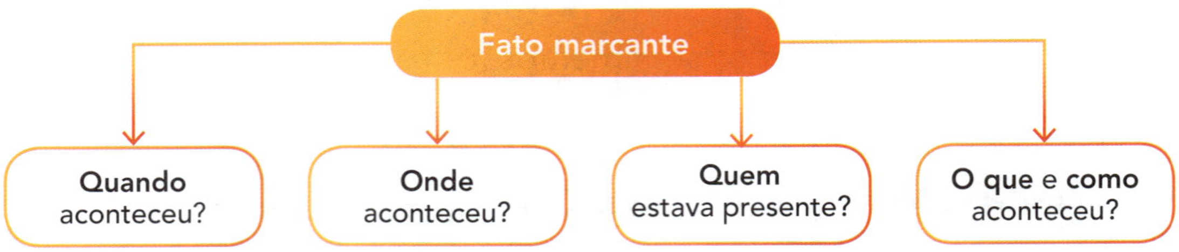

Escrita

1. Escreva seu texto.
2. Você pode ser bastante espontâneo, mais informal.
3. Pode empregar a primeira pessoa: **eu** ou **nós**.

Revisão e reescrita

1. Releia seu texto e reescreva-o, se for preciso, para:
   - deixar claro o que você quer expressar;
   - rever se há início, desenvolvimento e final;
   - adequar a pontuação;
   - rever a escrita das palavras;
   - passar a limpo para a versão final.
2. Seu texto é um relato pessoal; portanto, pense: Você gostaria que alguém o lesse?
3. Combine com a turma uma forma de ler e ouvir os textos dos colegas que quiserem apresentar seus relatos.
4. Não se esqueça: são lembranças de cada um, fatos que ficaram na memória e devem ser respeitados!

Palavras em jogo

Palavras com -ans, -ens, -ins, -ons, -uns

Atividade oral e escrita

1 No relato de João Vitor é repetida várias vezes a palavra **monstro**. Releia essa palavra em voz alta.

a) Em quantos impulsos ou sílabas nós falamos essa palavra? ______

b) Separe as sílabas dessa palavra. ______

2 Leia as palavras em voz alta. Em seguida, separe as sílabas de cada uma. Se precisar, peça ajuda à professora.

a) transporte: ______

b) instante: ______

c) alguns: ______

d) parabéns: ______

3 Observe as sílabas que você escreveu na atividade anterior. Copie a sílaba formada pelo maior número de letras. ______

4 Observe como algumas palavras se transformam quando são escritas no plural.

o trem	—	os trens
um bombom	—	vários bombons
um álbum	—	muitos álbuns

Coloque as expressões destacadas no plural e reescreva as frases fazendo as adequações necessárias.

a) Uma **nuvem** escura encobriu o sol e deixou **a passagem** para a cidade muito perigosa.

Muitas ______

______.

b) O **som** de trovão ecoou por todos os cantos e **um jovem** que estava na praça saiu correndo para se abrigar.

Os ______

______.

Memória em jogo

Leia este trava-língua com atenção, pronunciando bem as palavras. Veja se você consegue falar sem errar e depois escreva-o de memória na página 296.

Lá vem um trem
dois trens
três trens
um trem **trilhando** nos trilhos
dois trens **troando** nas **trevas**
[...]

Ciça. **Travatrovas**. Rio de Janeiro: Nova Fronteira, 1993.

Camila de Godoy/Arquivo da editora

trilhando: percorrendo, seguindo, andando.

troando: retumbando, trovejando, ressoando.

trevas: escuridão.

Assim também aprendo

- E se fosse possível ter um monstro de estimação? Leia a história em quadrinhos a seguir e conheça o monstro de estimação de Ozzy.

© Angeli/Acervo do cartunista

Angeli. **Ozzy 2:** Tirex e mais uma cambada de bichos de estimação. São Paulo: Companhia das Letras, 2006. p. 13.

O que estudamos

Autoavaliação

Pinte ou faça um **X** na coluna que mostra como você se saiu nesta unidade.

Unidade 8		Avancei	Preciso estudar mais
Gênero	Leitura e interpretação de **relato pessoal**		
	Produção de relato pessoal		
Estudo sobre a língua	Pessoas do verbo e concordância verbal		
	Pronomes pessoais e possessivos		
	Uso da expressão **a gente**		
	Palavras com **-ans**, **-ens**, **-ins**, **-ons**, **-uns**		
Oralidade	Participação nas atividades orais		

Sugestões de...

Livros

Catando piolhos contando histórias, **de Daniel Munduruku, publicado pelo selo Escarlate da editora Brinque-Book.**
Daniel Munduruku é um escritor de origem indígena, da etnia Munduruku, que vive no Pará. Neste livro há histórias e relatos de seu povo.

Reprodução/Editora Brinque-Book

Tenho monstros na barriga, **de Tonia Casarin, publicado pela própria autora em edição independente.**
Neste livro, a autora Tonia Casarin conta a história de Marcelo e os oito "monstros" em sua barriga: Alegria, Tristeza, Raiva, Medo, Coragem, Curiosidade, Orgulho e Ciúmes. Vale a pena ler!

Reprodução/Editora Tonia Casarin

Filme

Deu a louca na Chapeuzinho, **de Cory Edwards. Animação. Estados Unidos, 2004, 80 min.**
A paz da floresta é abalada com o roubo de um livro de receitas. Os suspeitos: Chapeuzinho Vermelho, Lobo Mau, Vovó e Lenhador. Cada um faz o seu relato do acontecido. Quem será o culpado?

Divulgação/The Weinstein Company/Kanbar Entertainment/ Kanbar Animation/Blue Yonder Films/Hoodwinked

Unidade

9 Cartaz publicitário

Nesta unidade você vai...

- ler e interpretar cartaz publicitário;
- identificar partes de um cartaz publicitário e o uso de linguagem adequada para esse tipo de texto;
- produzir texto para cartaz publicitário;
- estudar o uso dos verbos no imperativo;
- estudar palavras com CH, LH e NH;
- estudar a letra X e os sons que ela representa;
- participar de atividades orais.

- Na cena há pessoas olhando para cartazes e propagandas. Sobre o que são as mensagens desses cartazes e propagandas?
- Por onde você passa há cartazes ou propagandas como esses? Em que lugares?

Para iniciar

Labirinto

Observe quem está na entrada do labirinto.

a) Qual saída você acha que cada um, provavelmente, vai buscar? Por quê?

b) Pinte os caminhos de acordo com suas escolhas e, depois, converse com os colegas.

Há cartazes que são feitos para conscientizar as pessoas sobre alguns assuntos. Às vezes, as mensagens tentam convencer as pessoas a mudar de atitude. Será que isso acontece nos cartazes a seguir?

Observe com atenção os dois cartazes. Qual é a primeira ideia que lhe ocorre ao ver as fotografias? Depois, com cuidado, observe novamente as cores, o tamanho das letras em cada frase e leia tudo o que está escrito.

Pense: Sobre o que esse cartaz quer nos convencer?

Comente com a turma o que você observou.

Leitura: cartaz publicitário

Cartaz 1

O Brasil tem 31 milhões de crianças negras e indígenas. A maioria sofre com a discriminação racial, sem ter acesso à educação, à saúde e ao desenvolvimento. Ajude a mudar essa realidade. Contribua para uma infância sem racismo.
Participe desta campanha. Acesse: www.unicef.org.br

Disponível em: <https://unicef.org/brazil/sites/unicef.org.brazil/files/2019-02/infancia_sem_racismo_cartazes_a3.pdf>. Acesso em: 18 fev. 2020.

Cartaz 2

O Brasil tem 31 milhões de crianças negras e indígenas. A maioria sofre com a discriminação racial, sem ter acesso à educação, à saúde e ao desenvolvimento. Ajude a mudar essa realidade. Contribua para uma infância sem racismo.
Participe desta campanha. Acesse: www.unicef.org.br

Reprodução/UNICEF

Disponível em: <https://unicef.org/brazil/sites/unicef.org.brazil/files/2019-02/infancia_sem_racismo_cartazes_a3.pdf>. Acesso em: 18 fev. 2020.

Interpretação do texto

Atividade oral e escrita

1 Os dois cartazes que vocês observaram fazem parte da campanha **Por uma infância sem racismo**.

Respondam:

a) O que eles têm em comum?

b) Quais são as diferenças entre eles?

c) O que mais chamou a atenção em cada um deles?

2 Vamos ver de quais partes os cartazes são compostos:

- foto ou ilustração
- *slogan* (frase principal do cartaz)
- informações para o leitor
- marca da campanha

Agora, escrevam os nomes das partes do cartaz abaixo nos quadros correspondentes.

Reprodução/UNICEF

A seguir, vamos analisar cada uma dessas partes.

3 Fotos.

- Quem aparece nas fotos dos cartazes das páginas 211 e 212? Descreva abaixo algumas características das duas pessoas representadas.

____

____

____

4 Informações.

a) Leiam juntos estas informações que constam do cartaz do Unicef:

> **O Brasil tem 31 milhões de crianças negras e indígenas. A maioria sofre com a discriminação racial, sem ter acesso à educação, à saúde e ao desenvolvimento. Ajude a mudar essa realidade. Contribua para uma infância sem racismo.**
> **Participe desta campanha. Acesse: www.unicef.org.br**

Reprodução/UNICEF

A campanha **Por uma infância sem racismo** foi feita para:

- [ ] convencer as pessoas sobre a importância de combater o racismo.
- [ ] convencer as pessoas sobre a importância de todos terem acesso à saúde e à educação.
- [ ] apenas emocionar as pessoas como em versos de poema.

b) Nos cartazes, há informações que se referem a adultos. Releia:

> Carlos Pataxicoré, aos 36 anos, médico e o futuro todo pela frente.

> Quézia Silva, aos 29 anos, advogada e o futuro todo pela frente.

Essas informações sobre pessoas adultas foram dadas para:

- [ ] mostrar que há jovens que têm uma profissão desde pequenos, porque precisam trabalhar cedo.
- [ ] sugerir que essas crianças podem ser bem-sucedidas no futuro.
- [ ] deixar claro que os sonhos desses jovens são impossíveis.

5 ***Slogan***. Este é o *slogan* dos cartazes.

Reprodução/UNICEF

a) Marque um **X** nas frases que indicam características que podem ser observadas no *slogan* que você leu.

- ☐ Frase longa com muita informação.
- ☐ Frase curta, fácil de lembrar.
- ☐ Letras com muito destaque, para chamar a atenção de quem lê.
- ☐ Letras sem destaque, pois não são importantes no cartaz.

b) No *slogan* há duas palavras com sentidos contrários, opostos. Quais são?

____

c) O *slogan* está dividido visualmente em duas partes. Qual das duas partes parece ser mais importante?

____

d) Releia o *slogan*.

> EM UM MUNDO DE DIFERENÇAS
> ENXERGUE A IGUALDADE

Que mensagem essa frase transmite para você? Converse com os colegas.

6 **Marca da campanha**. O termo **racismo** é geralmente empregado para se referir a atitudes discriminatórias ou ofensivas que muitas pessoas praticam por preconceitos relacionados a cor de pele e outros traços étnicos, que podem ser físicos ou culturais. O racismo, portanto, contraria a ideia de igualdade.

Veja o símbolo usado no final da palavra, que é uma marca nos cartazes da campanha.

Reprodução/UNICEF

a) Você já encontrou um símbolo semelhante em placas de trânsito?

Compare o símbolo da palavra **racismo** usada no cartaz com estas placas e converse com os colegas sobre isso.

b) Que ideia o uso desse símbolo acrescenta à palavra **racismo**?

____

7 Qual é a principal ideia que os cartazes apresentam?

____

8 Com qual finalidade, ou seja, com qual intenção esses cartazes foram feitos?

- [ ] Entreter, divertir quem lê os cartazes.
- [ ] Dar informações sobre as diferenças entre as pessoas.
- [ ] Convencer quem lê sobre uma ideia.

9 Vocês concordam com a ideia dos cartazes? As mensagens os convenceram? Vocês participariam dessa campanha?

Hora de organizar o que estudamos

Leiam o esquema a seguir.

Cartaz publicitário

- **Intenção/Finalidade**
  - Convencer sobre ideias
- **Organização e linguagem**
  - Ilustrações ou fotos
  - Informações
  - *Slogan*
  - Marca
- **Leitor**
  - Pessoas em geral

Prática de oralidade

Conversa em jogo

Roda da diversidade

Perguntem a seus pais ou responsáveis quais são as origens de sua família: de onde eles são, de onde vieram seus avós e, se possível, seus bisavós. Anotem abaixo essas informações.

Na sala de aula, formem uma roda e leiam o que anotaram. Depois, conversem sobre as questões a seguir.

a) Quais são as diferenças entre você e seus colegas: origens, tipo físico, hábitos (por exemplo: alimentação, forma de vestir, preferências musicais, etc.)?

b) Com todas as diferenças, o que é parecido entre vocês?

Tecendo saberes

Cartazes publicitários e de propaganda são utilizados nas mais diversas áreas para apresentar ideias, informações.

Veja a seguir mais um exemplo de cartaz de campanha publicitária.

Cartaz com homenagem ao Dia Mundial do Meio Ambiente.

Qual é a importância desse cartaz?

Em sua opinião, ele convence quem o lê sobre a mensagem que traz?

Outras linguagens

Para fazer a divulgação de produtos ou campanhas, os criadores trabalham com diferentes recursos, estimulando a criatividade, a imaginação e a emoção.

Além de cartazes e de diversos outros tipos de propaganda que utilizam imagens, há também as propagandas feitas por meio de vídeos, em que a imagem em movimento e os recursos de áudio ajudam a apresentar a ideia, muitas vezes contando uma história.

- Com os colegas, observe a seguir as três cenas de um vídeo de campanha publicitária institucional sobre a doação de órgãos. Leiam os textos e observem também a sequência de imagens. Conversem sobre os recursos empregados para chamar a atenção do público e descrevam o que vocês observaram.

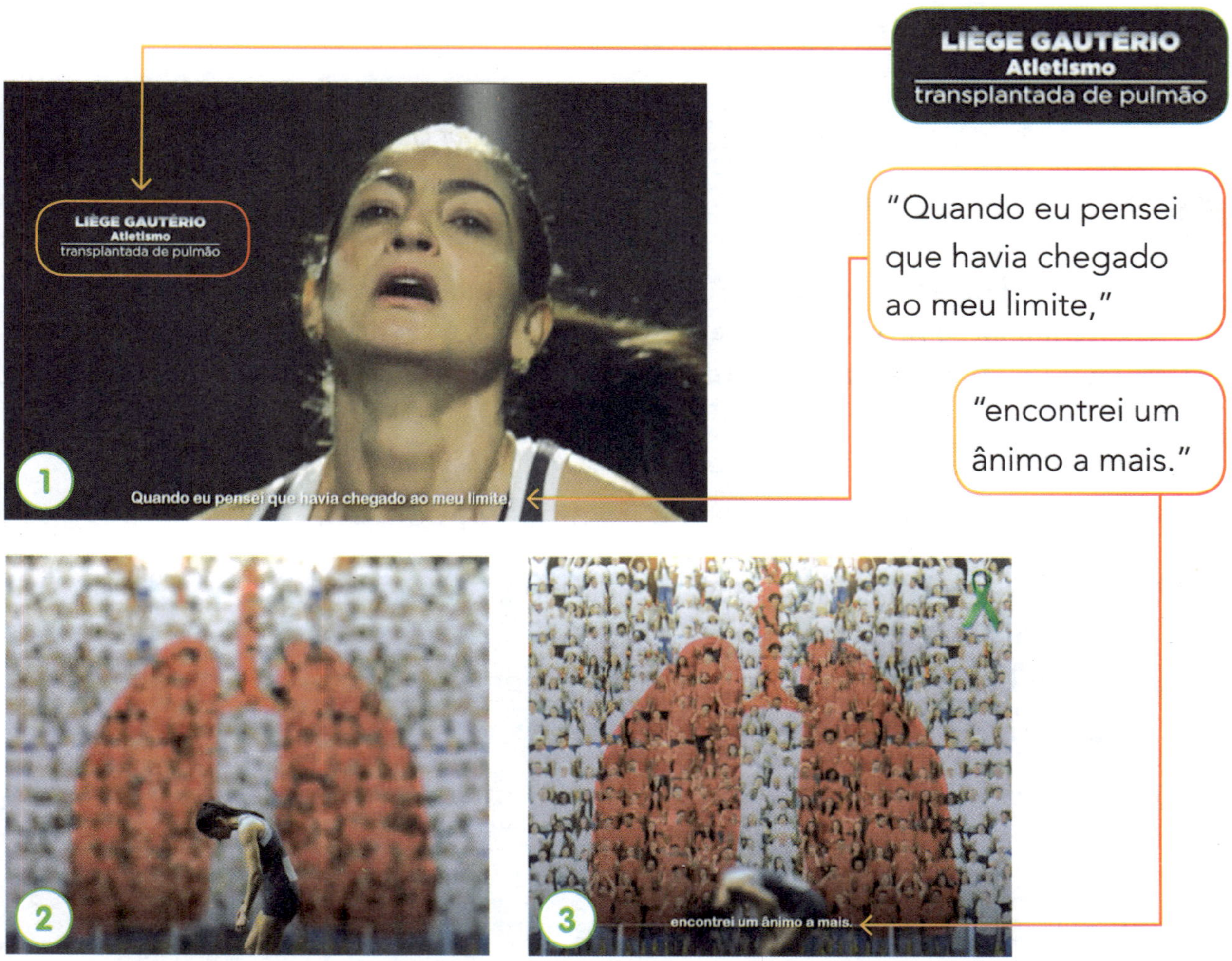

Governo Federal/Ministério da Saúde

Imagens de vídeo publicitário do Ministério da Saúde. Disponível em: <http://portalarquivos2.saude.gov.br/images/campanhas/doacao_orgaos_2015/MS%20 DOACAO_2016_2.mp4>. Acesso em: 18 fev. 2020.

Língua: usos e reflexão

Uso de verbos no imperativo

Atividade oral e escrita

Você já aprendeu que o verbo pode indicar:

- **tempo**: presente, passado e futuro;
- **pessoa**: quem fala, a pessoa com quem se fala e a pessoa de quem se fala.

Vamos ver outro uso dos verbos.

1 Releia estas frases.

Enxergue a igualdade.

Participe desta campanha.

Os verbos destacados foram empregados no texto para:

☐ mostrar quem faz a ação.

☐ dar instruções.

☐ fazer pedidos.

☐ indicar o tempo em que a ação ocorre.

2 Releia estas informações.

O Brasil tem 31 milhões de crianças negras e indígenas. A maioria sofre com a discriminação racial, sem ter acesso à educação, à saúde e ao desenvolvimento. Ajude a mudar essa realidade. Contribua para uma infância sem racismo.

Agora, circule dois verbos que expressam **pedido**.

Os verbos que você circulou estão no modo **imperativo**.

3 Leia uma parte de uma receita: o modo de fazer uma omelete.

Quebre três ovos numa tigela. **Bata** bem com um garfo. **Coloque** uma pitada de sal, salsinha, cebolinha e pedacinhos de tomate. **Misture** bem.

Despeje numa frigideira quente com um pouco de manteiga. **Doure** os dois lados. **Coloque** em um prato e **sirva**.

Os verbos destacados no texto foram empregados para:

☐ dar instruções.

☐ fazer pedidos.

4 Leia a tirinha a seguir.

Mauricio de Sousa. Banco de imagens MSP.

a) Na tira, Magali fala com Pinóquio para:

☐ dar uma instrução. ☐ fazer um pedido.

b) O que Magali espera que aconteça? Converse com os colegas.

5 Leia mais uma tirinha. Esta é do Cascão, que não gosta de tomar banho.

Mauricio de Sousa. Banco de imagens MSP.

a) Por que você acha que Cascão dormiu fora de casa?

____

____

b) Circule o verbo que indica o pedido que Cascão não quis atender.

Hora de organizar o que estudamos

Leiam e completem o esquema com as informações que faltam.

Verbo no imperativo

↓

Indica: ____

Produção de texto

Criação de texto para cartaz publicitário

A montagem de fotografias ao lado representa um pouco da diversidade étnica e cultural brasileira. Vocês usarão essas imagens como modelo para fazer um cartaz com o objetivo de convencer as pessoas da importância de respeitar as crianças brasileiras.

Monkey Business Images/Filipe Frazao/Daniel M Ernst/morrowlight/ESB Professional/Blend Images/ Shutterstock/Fotomontagem: Fernanda Crevin

Preparação

1. Já temos a seleção de imagens do nosso cartaz. Elas precisam comunicar a ideia de que as crianças brasileiras, com suas diferentes características étnicas, devem ser tratadas com igualdade.
2. Para que a mensagem seja clara, o cartaz deve ter um texto informativo e um *slogan*. Vocês criarão um texto curto e um *slogan*, frase que acompanha a imagem do cartaz e que geralmente está em destaque.

Escrita

1. Escrevam e reescrevam várias possibilidades de frases, usando toda a criatividade para dar conta da intenção do cartaz.
2. Transcrevam a frase que consideraram a melhor em uma folha de papel para que possa ser lida com facilidade.

Revisão e reescrita

Releiam as frases e os *slogans* criados e vejam se estão claros ou precisam de ajustes. Reescrevam o que for necessário.

Apresentação

Para elaborar o cartaz, pode-se fazer a reprodução das imagens que aparecem nesta página ou criar uma nova montagem, colando outras imagens. Depois que o cartaz já estiver pronto, com as imagens e o texto, vocês poderão afixá-lo no mural da sala de aula ou no mural da escola para ser visto por outras pessoas.

Com a palavra

Você conheceu cartazes de uma campanha que mostram duas crianças, uma indígena e uma negra. Neles, foi trabalhada a ideia da importância do combate ao racismo.

Leia a entrevista com a professora **Poty Porã.** Ela é uma mulher guarani e leciona em uma escola indígena, que fica dentro da aldeia Tenondé Porã, na zona sul do município de São Paulo. Ela conta sobre a escola, sobre seu trabalho e sobre os sonhos de seus alunos indígenas. Confira!

Jaciara Augusto Martim/Acervo particular

A professora Poty Porã, que dá aulas para alunos da terra indígena Tenondé Porã.

Qual é a importância de uma escola indígena?

Na aldeia Tenondé Porã, 90% das crianças só falam guarani. Se a escola fosse fora da aldeia, as crianças seriam alfabetizadas em português. Então, é bom ter uma escola e professores indígenas que falem a língua das crianças para que elas consigam aprender. E na escola indígena não tem só aula de escrita em guarani, mas tudo é trabalhado sob a visão do indígena, pela visão do povo. Até mesmo as brincadeiras infantis, que são as brincadeiras que as crianças sabem e entendem.

Qual é sua maior dificuldade como professora na escola da aldeia?

A maior dificuldade como professora é não ter material didático ou ter pouco material disponível na língua indígena. Muitas coisas, nós, professores, temos de inventar, fazer nós mesmos.

O que é ensinado na escola da aldeia é diferente do que as crianças aprendem na escola não indígena?

Na escola da aldeia tudo é diferente. Até as matérias. Todas as disciplinas, como Matemática, História, Geografia, Ciências, todo o conteúdo passa pela visão de mundo do indígena, pelo jeito de ser do indígena. Por isso que a escola indígena é diferenciada.

Quais são os sonhos das crianças da aldeia?

Meus alunos têm sonhos simples, como continuar a vida, viver numa tradição, continuar tendo terra para plantar, mata para caçar, rio para pescar. Alguns têm sonho de ser professores, outros têm sonho de ser motoristas. São coisas do dia a dia mesmo que eles veem, pensam e sonham para o futuro.

Palavras em jogo

Palavras com CH, LH e NH

Atividade oral e escrita

1 Leia as palavras e observe o que acontece com o som delas quando se acrescenta a letra **H** às letras **C**, **L** e **N**.

Encaixe a letra **H** na posição correta para formar novas palavras.

a) cave: ______________________

b) milões: ______________________

c) campana: ______________________

Registre o que você observou.

____

____

2 Leia as três parlendas a seguir.

Tengo, tengo, tengo
Ó **maninha**
É de **carrapicho**
Vou botar [nome]
Na lata do lixo.

A **mulher** do sapo
Diz que está lá dentro
Fazendo **rendinha**,
Ó **maninha**
Para o casamento.

Chuva choveu
Goteira pingou
Pergunta o papudo
Se o papo **molhou**.

Domínio público.

Leia em voz alta as palavras destacadas e copie-as nas colunas correspondentes.

CH	LH	NH
______	______	______
______	______	______
______	______	______
______	______	______

Sons do X

Atividade oral e escrita

1 Releia em voz alta o sobrenome do menino que está no cartaz da página 211: PATAXICORÉ.

Pinte a palavra em que a letra X é lida com o mesmo som que o X no nome do menino.

As imagens não estão representadas em proporção.

r.classen/Shutterstock

urfin/Shutterstock

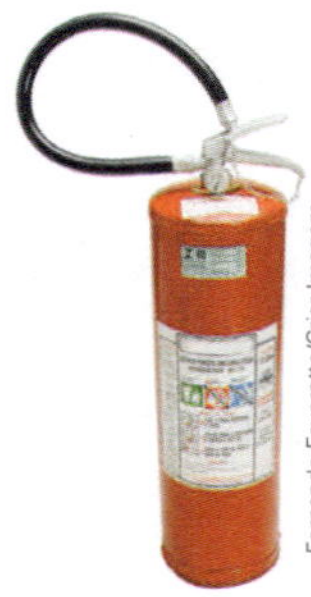

Fernando Favoretto/Criar Imagem

PEIXE	TÁXI	EXTINTOR

2 A letra X pode representar vários sons. Leiam estas palavras:

xarope	exame	enxame	xadrez
máximo	maxixe	próximo	caixa
lixo	fixo	boxeador	exemplo

a) Circulem as palavras em que o X indica som igual ao CH, como na palavra **chapéu**.

b) Pintem as palavras em que o X indica som diferente de CH.

3 Leia as palavras escritas com a letra X na tabela abaixo.
Marque qual é o som que a letra está representando.

Palavras	CS	S	Z	CH
texto, excursão, exclamação, exterior, extra				
mexer, lagartixa, xodó, xarope, xampu				
exercício, exausto, exame, exagero				
fixador, saxofone, tórax, axila, táxi, pirex				

4. Falta uma letra nas palavras dos quadros. Complete-as com **X** ou **S**.

e_____plodir	e_____piga	te_____to
e_____trela	e_____plicação	e_____periência

Memória em jogo

- Leia e memorize o texto a seguir.

Só sei que "seu" Chico Sousa
chegou e trouxe da China
a seda xadrez da Célia
o xale roxo da Sônia
o xale cinza da Sheila
e a saia chique da Selma.

Ciça. **Travatrovas**. Rio de Janeiro: Nova Fronteira, 1993.

Vanessa Alexandre/Arquivo da editora

Na página 296, registre o máximo que conseguir memorizar desse trava-língua.

Assim também aprendo

- Uma imagem pode ser interpretada de diferentes formas pelas pessoas. É muito importante pensar nisso quando se produz um cartaz, para garantir que as estratégias usadas na criação ajudem a transmitir a mensagem da melhor forma possível.

a) Olhe bem as imagens a seguir. Veja o que você descobre e não conte para ninguém.

b) Depois, mostre as imagens para outras pessoas e veja o que elas conseguem enxergar.

Peteri/Shutterstock

Uma senhora idosa ou uma jovem princesa?

imagewriter/Shutterstock
Cálice ou rostos?

O que estudamos

Autoavaliação

Pinte ou faça um **X** na coluna que mostra como você se saiu nesta unidade.

Unidade 9		Avancei	Preciso estudar mais
Gênero	Leitura e interpretação de **cartaz publicitário**		
Gênero	Identificação de partes de um cartaz publicitário		
Gênero	Produção de texto para cartaz publicitário		
Estudo sobre a língua	Verbo: o uso do imperativo		
Estudo sobre a língua	Palavras com CH, LH e NH		
Estudo sobre a língua	Sons que a letra X representa		
Oralidade	Participação nas atividades orais		

Sugestão de...

Site

<http://portalsaude.saude.gov.br/index.php/cidadao/principal/campanhas-publicitarias>
Neste *link* é possível ter acesso a diversos cartazes produzidos pelo Ministério da Saúde do Brasil para tratar de diferentes campanhas de conscientização da população sobre prevenção de doenças, combate a epidemias, dicas de vida saudável, entre outros. Acesso em: 19 fev. 2020.

Reprodução/<http://portalsaude.saude.gov.br/index.php/cidadao/principal/campanhas-publicitarias>

Unidade

10 Notícia

Nesta unidade você vai...

- ler e interpretar uma notícia;
- apresentar uma notícia oralmente para os colegas;
- produzir uma notícia com base em informações dadas;
- diferenciar modos de se expressar em linguagem formal e informal;
- estudar o uso dos pronomes demonstrativos;
- estudar o uso das letras **S**, **SS**, **Ç**, **C**, **SC**;
- participar de atividades orais.

- Onde essas pessoas estão?
- O que as pessoas da cena estão fazendo?
- Como você faz para se manter informado sobre os acontecimentos da cidade onde vive?
- Você costuma ler algum jornal? Qual?
- Além dos jornais, que outros meios nos ajudam a ficar bem informados?

Giz de Cera/Arquivo da editora

Para iniciar

Notícia

Uma notícia, publicada em um jornal, teve uma parte de seu texto rasgada.

- Observe a fotografia e leia um trecho da notícia.

Amanda Destro Pierson/Arquivo pessoal

está fazendo sucesso na internet com uma
"transformada" em uma boca de
ca do Dia das Bruxas nos EUA

Você consegue descobrir qual dos pedaços de jornal abaixo faz parte da mesma notícia? Assinale a alternativa que considerar correta.

- [ ] **Um novo trem de**
em Chengdu cha
panda-gigante

- [ ] **Uma americana**
porta de garagem
monstro na épo

- [ ] **Trabalhadores res**
gatinho que ficou p
em um poste de lu

Para ficar bem informado, é possível acompanhar as notícias pelo rádio, pela televisão, pelo jornal ou pela internet.

Agora, você vai ler uma notícia que anuncia a descoberta de um gigante. Que gigante será esse? Como será que ele foi descoberto?

Observe a **imagem** e leia o **título** da notícia para começar a se informar sobre o caso.

Leitura: notícia

G1 RIO DE JANEIRO

05/10/2016 10h35 - Atualizado em 05/10/2016 14h14

Pesquisadores dizem ter descoberto o maior dinossauro do Brasil

Fóssil tem 25 metros de comprimento e foi encontrado no interior de SP.
Ele será exposto no Museu de Ciências da Terra a partir desta quinta (6).

Cristina Boeckel
Do G1 Rio

FACEBOOK

Essa notícia foi publicada no portal G1 em outubro de 2016.

Disponível em: <http://g1.globo.com/rio-de-janeiro/noticia/2016/10/pesquisadores-anunciam-descoberta-do-maior-dinossauro-do-brasil.html>. Acesso em: 19 fev. 2020.

Agora, leia a notícia:

Pesquisadores dizem ter descoberto o maior dinossauro do Brasil

Fóssil tem 25 metros de comprimento e foi encontrado no interior de SP. Ele será exposto no Museu de Ciências da Terra a partir desta quinta (6).

Cristina Boeckel
Do G1 Rio

5/10/2016 10 h 35 - Atualizado em 5/10/2016 14 h 14

Cientistas de várias instituições do país anunciaram, na manhã desta quarta-feira (5), a descoberta do que dizem ser o maior dinossauro já encontrado no Brasil, com 25 metros de comprimento. O fóssil que levou à conclusão foi encontrado em Presidente Prudente, no interior de São Paulo. O animal viveu no país há 70 milhões de anos, segundo os pesquisadores.

A descoberta, anunciada no Museu de Ciências da Terra, na Urca, Zona Sul do Rio, revela novas informações sobre as espécies que habitaram o território brasileiro. O *Austroposeidon magnificus*, como foi chamado, teve **vértebras** do pescoço e da coluna vertebral encontradas no local onde uma estrada estava sendo aberta.

Com base nas características **anatômicas**, o animal pode ser classificado no grupo dos titanossauros, que eram dinossauros **herbívoros** com um corpo bem desenvolvido, pescoço e cauda longa e um crânio relativamente pequeno. [...]

No Brasil, já foram descobertas nove espécies de titanossauros. [...]

fóssil: resto endurecido de seres vivos que habitaram a Terra há milhões de anos, encontrado em escavações arqueológicas.

vértebras: ossos que formam a coluna.

anatômicas: relacionadas à aparência externa do corpo.

herbívoros: que se alimentam somente de plantas e de vegetais.

Cristina Boeckel/G1/Conteúdo Globo

Pesquisadores anunciaram a descoberta do fóssil em uma quarta-feira (5/10/2016).

Cristina Boeckel/G1/Conteúdo Globo

Descoberta do fóssil foi anunciada no Museu de Ciências da Terra, na Urca, Zona Sul do Rio de Janeiro.

Disponível em: <http://g1.globo.com/rio-de-janeiro/noticia/2016/10/pesquisadores-anunciam-descoberta-do-maior-dinossauro-do-brasil.html>. Acesso em: 19 fev. 2020.

Interpretação do texto

Atividade oral e escrita

1. A notícia relata fatos reais, que podem ser comprovados. Ela responde às seguintes perguntas sobre esses fatos: O quê/Qual é o assunto? Quem? Quando? Onde? Como?

   Complete o quadro com os dados da notícia que você leu.

Qual é o **assunto**?	
Quem fez o anúncio?	
Quando foi feito o anúncio?	
Onde foi feito o anúncio da descoberta?	
Como foi feita a descoberta?	

2. Além do texto escrito, a notícia traz fotografias. Qual delas mais chamou a sua atenção? Por quê?

3 Veja abaixo uma das imagens apresentadas na notícia.

Reprodução/Museu de Ciências da Terra

a) De acordo com ela, complete:

O menor desses dinossauros foi descoberto em ______________________.

b) Por que aparece um homem junto dos dinossauros? Assinale as respostas.

- [ ] Para mostrar que o homem tem medo dos dinossauros.
- [ ] Para provar que o dinossauro descoberto é muito grande.
- [ ] Para comparar o tamanho do homem ao dos dinossauros.

4 Observe o significado das partes do nome atribuído ao dinossauro descoberto.

Austroposeidon magnificus

Austro	poseidon	magnificus
refere-se a sul, no caso, à América do Sul (onde está o Brasil)	nome do deus dos mares e dos terremotos	1. Excelente 2. Grandioso 3. Horrendo

a) Circule qual dos três significados da palavra ***magnificus*** pode se referir ao dinossauro.

b) Escreva por que você escolheu esse significado.

____

____

5 Complete a ficha do dinossauro com os dados da notícia.

AUSTROPOSEIDON MAGNIFICUS

Grupo: Titanossauro

Pescoço e cauda: ______________

Tamanho: ______________

Quanto à alimentação: ______________

6 Releia a **manchete**, isto é, o título da notícia. Observe que ela foi escrita em letras de tamanho grande para chamar a atenção do leitor.

Pesquisadores dizem ter descoberto o maior dinossauro do Brasil

Fóssil tem 25 metros de comprimento e foi encontrado no interior de SP. Ele será exposto no Museu de Ciências da Terra a partir desta quinta (6).

a) Nessa manchete, que palavras chamam mais a atenção ou deixam o leitor curioso para ler a notícia? ______________

b) Em sua opinião, por que essas palavras deixam o leitor curioso? Comente.

Hora de organizar o que estudamos

Leiam juntos o esquema a seguir.

Notícia

↓

Relato de fatos reais divulgados em jornais, rádio, televisão, *sites* de notícias, revistas, redes sociais

↓

Intenção/finalidade
- Informar sobre acontecimentos atuais

Organização
- Manchete ou título
- Informações: o quê, quem, quando, onde, como, por quê
- Fotos e ilustrações

Leitor/Ouvinte/Espectador
- Quem estiver interessado em saber o que acontece no dia a dia

Tecendo saberes

Vejam a imagem que aparece nesta notícia. Depois, leiam o texto.

Encontrados na Argentina fósseis de maior dinossauro de todos os tempos

Paleontólogos argentinos calculam que animal encontrado na Patagônia tinha 40 metros e pesava o equivalente a 14 elefantes. Ele desbanca o argentinossauro como maior sáurio que já viveu sobre a Terra.

Agência France-Presse/Museu Egidio Feruglio, Buenos Aires, Argentina.

Homem ao lado de fóssil em sítio de escavação.

Cientistas argentinos anunciaram nesta sexta-feira (16/05) a descoberta dos restos do maior dinossauro conhecido até agora. [...] Ele pertenceria ao grupo dos saurópodos, que viveu há aproximadamente 95 milhões de anos. [...]

DW Brasil. Disponível em: <https://www.dw.com/pt-br/encontrados-na-argentina-fósseis-de-maior-dinossauro-de-todos-os-tempos/a-17643036>. Acesso em: 6 abr. 2020.

Observem a imagem e comparem o tamanho de um dos ossos encontrados do animal com o tamanho do homem. O que vocês notaram?

Outras linguagens

Uma notícia também pode ser dada por meio de uma fotografia que registra o momento do acontecimento. Veja a imagem de ondas gigantes formadas por ocasião da passagem de um furacão e leia a legenda.
Nesta foto, o que indica que as ondas são gigantes?

Matt Cardy/Getty Images

Furacão Ophelia atinge a cidade britânica Penzane, no Reino Unido, em 16 de outubro de 2017.

Prática de oralidade

Telejornal

Agora, você e os colegas vão compartilhar notícias com a turma, por meio da produção e da apresentação de um telejornal. Para isso, siga estas instruções:

a) Assista a um telejornal, observando o modo de falar, a posição e a expressão de quem apresenta as notícias do dia.

b) Faça uma **pesquisa** em jornais, revistas ou *sites* de notícias. Escolha uma notícia curta e interessante, que possa ser útil e atrair a atenção dos colegas.

c) Leve uma cópia da notícia para a sala de aula.

d) Releia com atenção a notícia escolhida, observando todos os detalhes: Qual é o assunto? O que aconteceu? Quem estava envolvido nos acontecimentos? Onde aconteceu? Quando aconteceu? Como foi? Se necessário, faça anotações.

e) Prepare a apresentação, lendo o texto devagar e com entonação adequada, como se você fosse o apresentador do telejornal.

Apresentação

- Leia ou fale a notícia pausadamente e em voz alta. Lembre-se de olhar para os colegas e verificar se eles estão entendendo o que você diz.
  Ouça com atenção as notícias trazidas pelos colegas.
  Quando eles estiverem falando, não os interrompa. Caso queira fazer uma pergunta, levante a mão e aguarde sua vez para falar.

Produção de texto

Notícia

- Observem abaixo a fotografia de um animal que foi descoberto no fundo do mar.

OET/Nautiluslive/AP Photo/Glow Images

Lula roxa descoberta na Califórnia, nos Estados Unidos.

Planejamento

Leiam as informações sobre essa descoberta.

O quê? (assunto)	Descoberta de uma lula roxa de olhos gigantes e arregalados que parece um brinquedo
Quando?	19/8/2016
Onde?	No fundo do mar da Califórnia, nos Estados Unidos
Quem?	Cientistas e técnicos
Como?	Observando o fundo do mar, viram a criatura que pode ser uma nova espécie

Fonte: <http://g1.globo.com/natureza/noticia/2016/08/lula-fofa-com-olhos-arregalados-chama-atencao-de-cientistas.html>. Acesso em: 20 fev. 2020.

Escrita

Agora, vocês vão escrever uma notícia sobre a descoberta desse animal.

- Criem uma manchete que desperte a curiosidade do leitor. Escrevam em uma folha à parte, usando letras grandes.
- Relatem a descoberta, escrevendo um texto curto. Lembrem-se de usar todas as informações do quadro.

Revisão

Releiam a notícia completa: a manchete e o texto, para ver se ficaram claros.

Apresentação

1. Apresentem aos colegas a versão da notícia que vocês escreveram e ouçam as versões criadas por eles.
2. Comparem os textos e conversem sobre a forma como cada dupla produziu a notícia.

Língua: usos e reflexão

Variedades linguísticas: linguagem formal e linguagem informal

A linguagem que usamos no dia a dia é mais informal. Empregamos algumas expressões que não usaríamos em momentos mais cerimoniosos, quando há mais formalidade.

Por exemplo, ao lerem a notícia e verem a lula roxa pela primeira vez, alguns observadores poderiam fazer comentários como: "Ela tem olhos estranhos."; "Parece um brinquedinho!"; "Que criatura fofa!".

Essas frases são espontâneas, informais.

Por outro lado, o comentário de um **especialista** seria algo mais parecido com isto: "Esse animal é um cefalópode roxo de olhos gigantes.".

Compare as possíveis falas dos observadores com a possível fala do especialista e marque as alternativas corretas.

- [ ] As falas dos observadores são erradas.
- [ ] As falas dos observadores são mais informais, usadas no dia a dia.
- [ ] A fala do especialista é mais formal.
- [ ] A fala do especialista é mais usada na língua falada.

Pronomes demonstrativos

1 Leia a tirinha e responda ao que se pede.

Ziraldo. **As melhores tiradas do Menino Maluquinho**. São Paulo: Melhoramentos, 2000. p. 73.

a) A que palavra **este** está se referindo? ______________________

b) Além de acompanhar a palavra, **este** indica que o objeto está:

☐ próximo do Bocão. ☐ longe do Bocão.

2 Leia a tirinha e faça as atividades.

Bill Watterson. **O Estado de S. Paulo.** São Paulo, 27 jan. 2001.

a) O que provoca humor nessa tirinha?

____

____

b) No primeiro quadrinho, a palavra **esse** se refere a quê? ______________________

c) No segundo quadrinho, que palavra se refere à mesma coisa? ______________________

As palavras **este**/**esta**, **esse**/**essa**, **isso**/**isto** indicam lugar e substituem palavras. São os **pronomes demonstrativos**.

Agora você

- Leia e circule os pronomes demonstrativos neste parágrafo:

  Os dinossauros não eram monstros. Esses animais viveram na Terra há milhões de anos. Isso pode ser comprovado pelas descobertas de ossos desses bichos.

Hora de organizar o que estudamos

- Leiam juntos o esquema a seguir.

Pronomes demonstrativos

↓

Apontam, indicam lugar e substituem palavras

↓

este/estes, esta/estas, isto
esse/esses, essa/essas, isso
aquele/aqueles, aquela/aquelas, aquilo

Palavras em jogo

Um só som, várias letras: S, SS, Ç, C, SC

Atividade oral e escrita

1. Releia, em voz alta, este trecho da notícia "Pesquisadores dizem ter descoberto o maior dinossauro do Brasil" e circule as sílabas em que o som **/s/** aparece.

   A descoberta, anunciada no Museu de Ciências da Terra, na Urca, Zona Sul do Rio, revela novas informações sobre as espécies que habitaram o território brasileiro.

   Como você pôde observar, para representar o som /s/ na escrita utilizamos letras diferentes.

2 Leia o poema a seguir.

Semente de serpente

Sobre a folha
de papel
em branco,
um ponto,
feito semente,

cresce, escorre,
e aparece.

Buscando
a forma definitiva,
silencioso,
sinuoso,
sem sossego,
serpenteia o *S*.

Andréia Viera/Arquivo da editora

José de Nicola. **Alfabetário**. São Paulo: Moderna, 1995. p. 37.

a) Afaste este livro o máximo que puder e observe o poema de longe. O que você vê?

b) Leia o poema em voz alta e ouça a leitura feita pelos colegas e pela professora. Qual é o som que mais se destaca?

3 Releia em voz alta as seguintes palavras do poema “Semente de serpente”. Preste atenção ao som representado pelas letras destacadas.

semente	cresce	escorre	aparece	buscando
silencioso	sinuoso	sem	sossego	serpenteia

Responda:

Que som essas letras representam?

4 Distribua algumas palavras do trecho da atividade 1 da página 241 e do poema “Semente de serpente” nas linhas do quadro a seguir de acordo com a posição do som /s/.

No início da palavra	______________
No meio da palavra	______________
No fim da palavra	______________

5 Leia as palavras do quadro. Depois, complete os itens com o que se pede.

paciência	osso	criança	anos
embarcações	Sol	assim	cinema

a) Palavras com som /s/ no **início**. ______________

Letras que representam esse som nessas palavras: ______________

b) Palavras com som /s/ no **meio**. ______________

____

Letras que representam esse som nessas palavras: ______________

c) Palavras com som /s/ no **final**. ______________

Letra que representa esse som nessas palavras: ______________

6 Copie, do quadro da atividade 5, duas palavras nas quais o som **/s/** é representado por Ç. ______________

Complete: O Ç aparece sempre no ______________ das palavras, seguido por uma ______________.

7 Também do quadro da atividade 5, copie duas palavras nas quais o som /s/ é representado por SS. ______________

Complete: SS só aparecem no ______________ das palavras e entre ______________.

8 Vamos formar palavras? Para isso, preencha os espaços com as letras corretas. Depois, descubra em qual coluna todas as palavras têm o som **/s/** representado da mesma forma.

Coluna 1	Coluna 2	Coluna 3
____alada	ma____ã	____enoura
____opa	a____úcar	a____erola
pê____ego	____orvete	____ereja
pa____oca	a____aí	____ebola
mu____e	ca____ão	melan____ia

O som **/s/** é representado da mesma forma na coluna __________.

Memória em jogo

Releia o poema "Semente de serpente", na página 242. Escolha uma parte do poema para decorar e tente registrá-la de memória na página 297.
Memorize também a forma dos versos.

Andréia Viera/Arquivo da editora

Assim também aprendo

- Será que alguém da turma consegue criar um dinossauro parecido com o *Austroposeidon magnificus*? Para esta atividade, você vai precisar de pratinhos de papelão dobrados ao meio, papéis coloridos, tesoura com pontas arredondadas e cola branca.
Se quiser, antes de começar a criar o seu dinossauro, pesquise um pouco mais sobre ele na internet.
Veja os modelos a seguir para se inspirar.

Edson Antunes/Arquivo da editora

O que estudamos

Autoavaliação

Pinte ou faça um **X** na coluna que mostra como você se saiu nesta unidade.

Unidade 10		Avancei	Preciso estudar mais
Gênero	Leitura e interpretação de **notícia**		
	Produção de notícia		
Estudo sobre a língua	Variedades linguísticas: linguagem formal e linguagem informal		
	Pronomes demonstrativos		
	Um só som, várias letras: **S**, **SS**, **Ç**, **C**, **SC**		
Oralidade	Participação nas atividades orais		

Sugestões de...

Livros

Reprodução/Editora Peirópolis

Abcdinos, de Celina Bodenmüller e Luiz E. Anelli, publicado pela editora Peirópolis.
Nesta história em quadrinhos, você vai conhecer Leo, um garoto que recebe a visita de dinossauros na casa dele, e Magnus, um cientista maluco que quer trazer os dinossauros de volta à vida.

Reprodução/Editora Salamandra

A vida dos dinossauros, de Rosicler Martins Rodrigues, publicado pela editora Salamandra.
Este livro convida você a uma viagem no tempo para conhecer um pouco mais sobre o surgimento e o desaparecimento dos dinossauros.

Reprodução/Editora Cortez

Dinossauros do Brasil, de Luisa Massarani, publicado pela editora Cortez.
Neste livro, você vai conhecer muitas curiosidades sobre os dinossauros que viveram no território que hoje forma o Brasil e em seus arredores.

Unidade

11 Texto informativo e infográfico

Nesta unidade você vai...

- ler e interpretar texto informativo;
- conhecer recursos para apresentar texto informativo: infográfico, gráfico, ilustrações;
- realizar pesquisa sobre plantas carnívoras;
- produzir texto informativo;
- estudar formação de palavras;
- estudar a escrita de palavras com **qua**, **que**, **qui**;
- participar de atividades orais.

- Há zoológicos em sua cidade? Você já visitou um zoológico?
- Além de observar os animais, como você prefere ter informações sobre eles: lendo as placas, seguindo as informações de um guia ou pesquisando antes da visita ao zoológico?

Giz de Cera/Arquivo da editora

Para iniciar

Bilboquê animal

Você sabe o que é **bilboquê**? O bilboquê é um brinquedo que desafia o jogador a encaixar uma bolinha, uma rolha ou outro objeto na abertura de outro objeto.

É muito fácil fazer esse brinquedo! Leia as instruções:

Material

- 1 copinho de iogurte
- 1 rolha de cortiça
- 1 pedaço de barbante ou de linha grossa de mais ou menos 40 cm

Modo de fazer

Ilustrações: Vanessa Alexandre/Arquivo da editora

1. Peça para um adulto furar o fundo do copinho de iogurte. Passe o fio de barbante pelo furo e dê um nó na ponta para prender o fio dentro do copinho.
2. Amarre a rolha na outra ponta do barbante. Pronto! Seu bilboquê está montado!

Que tal transformá-lo em um bicho comilão?

Material

- 1 folha de papel sulfite
- 1 pedaço de papelão
- Lápis de cor, canetinha preta, cola, fita adesiva e tesoura com pontas arredondadas

Modo de fazer

1. Desenhe, na folha de sulfite, a cabeça do animal escolhido com a boca aberta, pois ela será o encaixe da rolha do seu brinquedo. Depois, pinte-a.
2. Recorte o desenho e cole-o no papelão.
3. Recorte o papelão de acordo com o desenho e prenda-o nas bordas do copinho de iogurte usando cola ou fita adesiva.
4. Pronto! Agora é só desenhar na rolha a imagem do alimento preferido do seu animal e começar a brincadeira!

Está em dúvida sobre que alimento é? Leia o texto informativo que vem a seguir.

Você já ouviu a expressão "Aquela pessoa come como um passarinho"? Mas como um passarinho come? E o que será que ele come? E os outros animais? Você sabe o que eles comem? Vamos ler um pouco sobre esse assunto.

Leitura 1: texto informativo

Comida e bebida

Todos os animais precisam de comida e bebida para viver. Porém, o que, quanto e com que frequência eles consomem pode variar muito.

Aquilo que um animal come determina seu lugar na **cadeia alimentar**. Os **predadores** ficam no topo e suas **presas** abaixo deles. Seus alimentos também afetam o formato e a quantidade de seus dentes, o comprimento da língua e o tamanho da boca.

A maioria dos animais não segue um padrão alimentar regular, de três refeições ao dia. Enquanto alguns, como o martim-pescador, comem mais do que metade do peso de seu corpo em um dia, outros, como a baleia azul, podem ficar por oito meses sem comer nada!

Aqui você tem uma visão do que alguns dos bichos mais interessantes têm em seus cardápios, e de como distinguir um herbívoro, comedor de plantas, de um carnívoro, devorador de carnes. Isso pode ser útil algum dia... Nunca se sabe!

cadeia alimentar: seres vivos que se relacionam por meio da alimentação, muitas vezes uns servindo de alimento a outros.

predadores: animais que caçam, matam e comem outros. Exemplo: o leão é predador da zebra.

presas: animais que servem de alimento a outros.

Simon Rogers e Nicholas Blechman. **Gráficos informativos: reino animal**. São Paulo: MOV Palavras, 2015. p. 37.

Interpretação do texto

1. Por que os animais têm dentes, língua e boca diferentes uns dos outros?

____

____

2. Complete, dando um exemplo de animal e o que ele come.

- Animal herbívoro: ______________________________
- Animal carnívoro: ______________________________

Leitura 2: infográfico

Carnívoros vs herbívoros

Com a professora, leiam um pouco mais sobre a dieta de alguns animais.

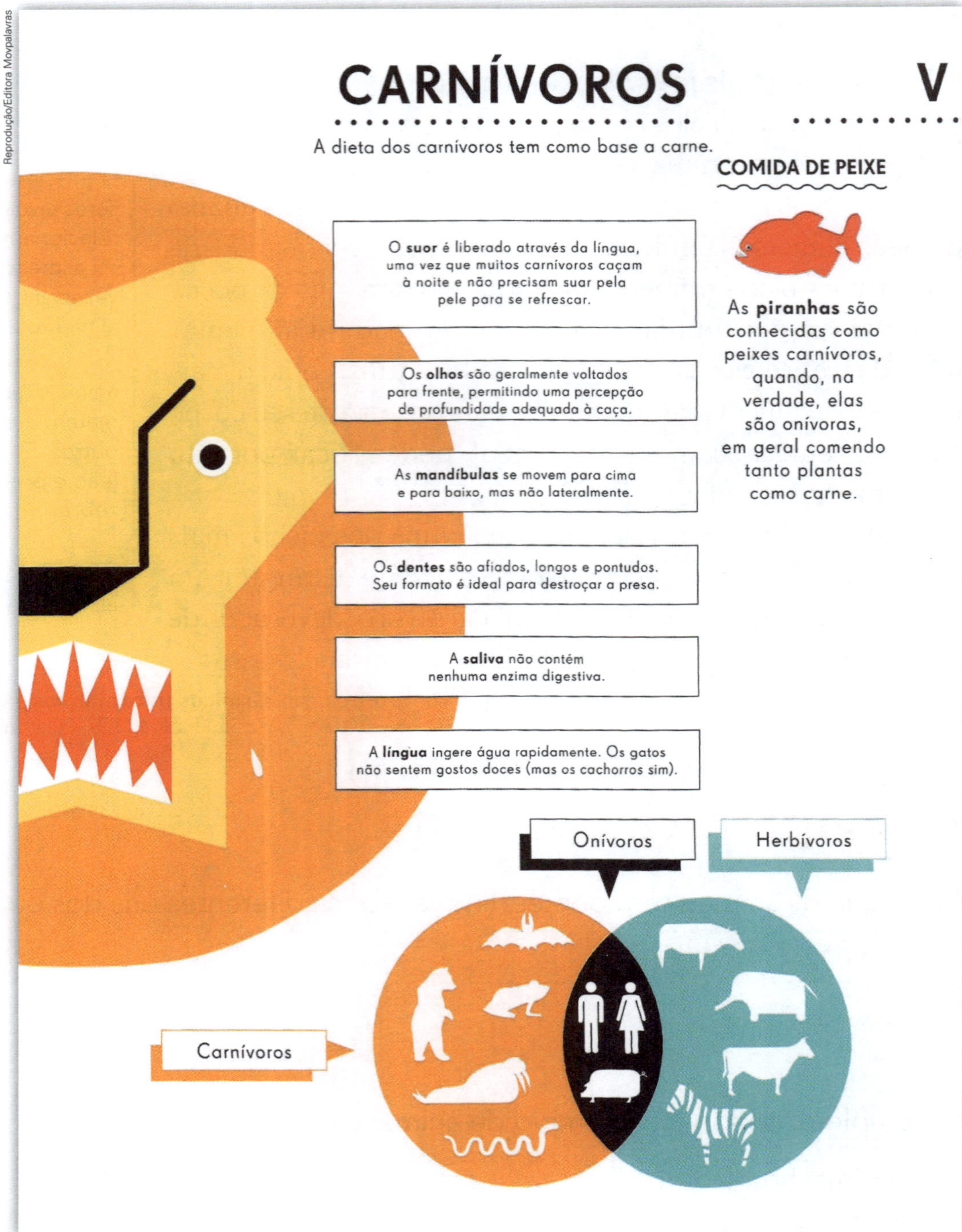

Sobre os autores

Reprodução/Acervo do autor

Mark Mahaney/Acervo particular

Simon Rogers nasceu no Reino Unido e é jornalista e escritor.

Nicholas Blechman nasceu nos Estados Unidos e é *designer* e ilustrador, com vários livros publicados.

Reprodução/Editora Mov Palavras

S

HERBÍVOROS

A dieta dos herbívoros tem como base as plantas.

O **suor** é liberado através da pele, pois os animais herbívoros tendem a coletar alimentos durante o dia.

Os **olhos** ficam, frequentemente, nas laterais da cabeça, para que vejam o perigo atrás deles.

As **mandíbulas** se movem para cima e para baixo, assim como lateralmente.

Os **dentes** são achatados, com molares quadrados ao fundo para ruminar a comida.

A **saliva** é alcalina, com enzimas digestivas de carboidrato para começar a digestão ou decompor os alimentos.

A **língua** pode sentir gosto doce. As bocas são usadas para sugar água.

VOCÊ ACHA QUE OS CARNÍVOROS SÃO OS ÚNICOS QUE DEVEMOS TEMER? PENSE MAIS UM POUCO.

Os **búfalos-africanos** são herbívoros da África do sul que têm o pavio curto e investem contra seus agressores, tais como o leão.

Os **javalis** pesam até 180 quilos e alguns têm chifres pontudos.

Os **hipopótamos** matam mais seres humanos do que os leões, leopardos e crocodilos.

Os **elefantes machos** têm explosões hormonais que os tornam violentos.

SOCORRO!

Reprodução/Editora Movpalavras

Simon Rogers e Nicholas Blechman. **Gráficos informativos: reino animal**. São Paulo: MOV Palavras, 2015. p. 40-41.

Interpretação do texto

1 Jogo rápido. Assinale com **X** a coluna a que se refere cada uma das afirmações:

Animal que...	É carnívoro	É herbívoro
... só caça à noite		
... pode sentir gosto doce e tem mandíbulas que se movem		
... tem os olhos na lateral da cabeça		
... tem dentes longos e pontudos		

2 O título do infográfico é: CARNÍVOROS **VS** HERBÍVOROS.

VS é abreviatura de *versus*, palavra do latim que significa **contra**, **em oposição**.

Por que foi escolhida essa abreviatura para fazer parte desse título?

____

____

3 Na imagem do infográfico, os animais escolhidos para representar cada um dos grupos apresentados foram:

a) Carnívoros: ______________ **b)** Herbívoros: ______________

4 Conversem: Qual das características dos carnívoros mais chamou a atenção de vocês? Por quê?

5 Releia, ao lado, esta parte do infográfico, observando as cores e os contornos dos animais apresentados.

a) Faça uma lista com os animais que você identificou no círculo dos carnívoros desse gráfico.

____

____

b) Faça uma lista com os animais que estão no círculo dos herbívoros.

____

____

6 Observe a origem da palavra:

ONÍVORO
- ONI → tudo
- VORO → devora, come

a) Por que homens e mulheres são classificados como onívoros?

____

b) De acordo com o gráfico, que outro animal é classificado como onívoro?

____

7 Releia o texto final do infográfico:

a) Ligue o animal de acordo com o perigo que pode representar.

Reprodução/Editora Movpalavras

	elefante	Tem chifres pontudos.
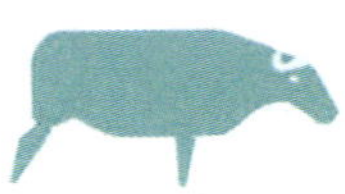	búfalo-africano	O macho pode ser violento.
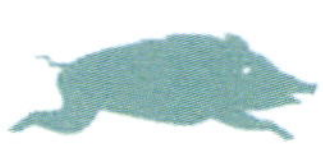	javali	É herbívoro, mas é briguento.
	hipopótamo	Ameaça mais os seres humanos do que o leão.

b) Agora você já sabe que os herbívoros também podem ser perigosos. Levando em conta as informações que você leu no texto, de qual animal herbívoro você fugiria rápido? Por quê?

____

8 Complete com o que se pede sobre os textos que você leu:

a) A finalidade deles: ______________________________

b) O leitor que pode se interessar por eles: ______________________________

c) Informação mais interessante, na sua opinião: ______________________________

____

Hora de organizar o que estudamos

Leiam juntos e depois completem o quadro com as informações sobre o leitor ou o público para o qual o texto informativo é direcionado.

Texto informativo

↓

Apresenta explicações e dados sobre determinado assunto

↓

Organização do texto
- linguagem verbal
- linguagem não verbal:
  - infográfico
  - gráfico
  - ilustração

Intenção/finalidade
- informar
- explicar
- entreter

Leitor/público
- ______________________________
- ______________________________

____

Prática de oralidade

Conversa em jogo

Alimentação do animal doméstico

Quem tem animal de estimação precisa ficar atento à alimentação dele e verificar se os alimentos estão sendo administrados de maneira correta.

Você tem um animal de estimação? Qual? O que ele come? Conte para os colegas e ouça o que eles têm para contar. Não esqueça de dizer o nome do seu animalzinho!

Língua: usos e reflexão

Formação de palavras

Na leitura do texto informativo, você conheceu palavras formadas por mais de um elemento. Veja:

CARNÍVORO → come carne

A onça-pintada é um animal carnívoro.

HERBÍVORO → come planta

A anta é um animal herbívoro.

ONÍVORO → come tudo

A galinha é um animal onívoro.

Ilustrações: Vanessa Alexandre/ Arquivo da editora

Ligue as palavras formadas por mais de um elemento com seus significados e exemplos.

granívoro	Come restos, como o urubu e a hiena.
insetívoro	Come frutas, como o macaco-aranha.
frugívoro	Come insetos, como o tamanduá.
detritívoro	Come grãos e sementes, como o papagaio.

Há alguns modos de formar palavras a partir da palavra **primitiva**, isto é, original.

Com elemento no **final** da palavra:

A língua ingere água rapida**mente**.

Com elemento no **começo** da palavra:

... para começar a digestão ou **de**compor os alimentos.

Com elementos no **começo** e no **final** da palavra:

Os dentes são **a**chata**dos**...

Agora você

1 Leia:

O tamanduá é carnívoro. Come vermes, formigas e outros insetos. Mas ele é **desdentado**.

Pascale Gueret/Shutterstock

Na palavra acima, o elemento **des** indica o sentido contrário da palavra primitiva. Forme novas palavras juntando o elemento **des** no início de cada uma.

a) não **acreditar**: ______________________

b) não **acostumado**: ______________________

c) não **acompanhado**: ______________________

d) não **agradável**: ______________________

e) não **amarrado**: ______________________

f) não **animado**: ______________________

2 Releia este trecho:

> [...] distinguir um herbívoro, **comedor** de plantas, de um carnívoro, **devorador** de carnes.

O elemento **dor**, colocado no final das palavras acima, indica aquele ou aquilo que realiza a ação indicada pela palavra primitiva.

Observe as expressões a seguir e forme novas palavras modificando o **final** de cada palavra primitiva.

a) aquele que **vende**: _______________

b) aquele que **canta**: _______________

c) aquele que **cobra**: _______________

d) aquele que **trabalha**: _______________

e) aquele que **navega:** _______________

f) aquele que **nada**: _______________

g) aquele que **carrega**: _______________

3 Reescreva as frases, juntando no final das palavras destacadas o elemento **eiro**:

a) Perdi a **chave**. Preciso de um _______________

b) Onde se escondeu a **galinha**? No _______________

c) Quem cuida da **casa**? O _______________

d) Preciso comprar **sal** para encher o _______________

4 Observe:

A terminação **eiro** pode indicar profissão, local ou recipiente.

Faça uma lista de palavras com essa terminação e que apresentem esses sentidos.

____

____

Hora de organizar o que estudamos

Formação de palavras

Acrescentar elemento no **início** da palavra:	Acrescentar elemento no **final** da palavra:	Acrescentar elemento no **início** e no **final** da palavra:
revender re+vender	vendedor vende+dor	revendedor re+vende+dor

Agora você

1 Veja o que foi acrescentado nos exemplos abaixo.

feliz → infeliz

animado → desanimado

Junte **in**/**im** ou **des** para formar antônimos.

a) compreensão: ______________________

b) fazer: ______________________

c) possível: ______________________

d) amassar: ______________________

e) cuidado: ______________________

f) completo: ______________________

g) perfeito: ______________________

h) aparecer: ______________________

2 No cartaz a seguir, há várias palavras que foram formadas juntando elementos. Contorne-as e compare com as que seus colegas encontraram.

Banco de imagens/Arquivo da editora

Tecendo saberes

Há animais com hábitos alimentares curiosos. Quer conhecer um dos animais mais gulosos do planeta?

EMA: Essa ave (de nome científico *Rhea americana*) – que corre a 60 km/h e vive nas planícies da América do Sul, do Brasil à Argentina – é, provavelmente, o animal mais guloso do planeta e engole tudo o que vê pela frente. Seu trivial sortido inclui folhas, frutinhas, sementes, insetos e pequenos animais como lagartos, rãs e cobras, mas ela não dispensa pedrinhas, tampas de garrafa, pedaços de plástico e fechos de latas de refrigerantes.

Ondrej Prosicky/Shutterstock

A mesma voracidade é notada em seu primo africano, o avestruz, outro comilão de primeira, que – assim como a ema, o casuar, o pavão, o kiwi, o peru e o pinguim, entre outras – pertence ao grupo das aves ratitas: as que não voam. Alguns estudiosos afirmam que a ema tem atração especial por objetos brilhantes porque seu prato preferido são besouros de casca reluzente, com aparência metálica. Mas ninguém sabe se ela come esses objetos por engano ou por opção.

Disponível em: <https://super.abril.com.br/mundo-estranho/e-verdade-que-as-emas-comem-de-tudo-inclusive-metais/>. Acesso em: 26 fev. 2020.

Outras linguagens

Você leu textos e infográficos com informações sobre alimentação de animais. Fotos também podem trazer informações muito importantes.

Observe com atenção a sequência de fotos a seguir:

Plougmann/Getty Images

acio Philip Sansonovski/Istockphoto/Getty Images

kritsada171/Istockphoto/Getty Images

Escreva o que você observou em cada uma das fotos e dê um título para seu relatório.

Relatório

Título: ______________________________

Foto 1: ______________________________

____

____

____

Foto 2: ______________________________

____

____

Foto 3: ______________________________

____

____

____

Minha conclusão: ______________________________

____

____

____

____

____

Leia para os colegas o seu relatório e ouça a leitura dos que eles produziram.

Produção de texto

Pesquisa e produção de texto informativo

Nesta unidade vocês leram um texto informativo apresentando uma comparação entre a alimentação dos herbívoros e a dos carnívoros. Para isso, foram apresentados texto verbal, imagens, gráficos e cores.

Agora vocês vão pesquisar informações e produzir um texto informativo comparando o modo de ação de duas plantas carnívoras.

Preparação e pesquisa

1. Leiam juntos o esquema:

Tipos de armadilha de plantas carnívoras

1. Jaula
Plantas carnívoras que aparentam ter boca com dentes são do gênero *dionaea*.

2. Jarro
Plantas carnívoras que se assemelham a um jarro cheio de líquido são do gênero *nepenthes*.

3. Folhas colantes
Plantas carnívoras que parecem ter pelos nas folhas são do gênero *drosera*.

Rafael Ben-Ari/Chameleons Eye/Istockphoto/Getty Images

kellymarken/Istockphoto/Getty Images

Robert Eventflow/Shutterstock

2. Cada grupo deverá escolher os dois tipos de planta para realizar a pesquisa e fazer a comparação.
3. Pesquisem, com a ajuda da professora, informações sobre as plantas escolhidas em livros, dicionários, enciclopédias e *sites*. Procurem também fotos ou ilustrações.

Planejamento

1. Reúnam as informações.
2. Escolham as informações mais importantes sobre cada uma das plantas:
   a) como são;
   b) o que comem;
   c) como atraem seu alimento;
   d) outras curiosidades.

Escrita

1. Em uma folha à parte, escrevam um pequeno texto sobre o que são plantas carnívoras.
2. Utilizem duas folhas de papel sulfite, registrando em cada uma delas as informações escolhidas sobre cada planta, como foi feito no infográfico que vocês leram sobre carnívoros e herbívoros.

   Assim:

Planta carnívora 1	Planta carnívora 2

3. Separem fotos e ilustrações para apresentar com o texto produzido.

Revisão

Verifiquem, com a ajuda da professora, se as informações registradas estão claras e reescrevam o que for preciso.

Exposição oral

1. **Preparação**

   Preparem o material e ensaiem:

   a) a leitura do texto inicial;

   b) a apresentação do resultado da pesquisa sobre as duas plantas: como transmitirão as informações oralmente e se mostrarão as imagens em cartazes ou em *slides*.

   c) a organização do material a ser exposto antes da apresentação: fotos e/ou ilustrações.

2. **Apresentação**

   a) Aguardem a vez de apresentar o texto informativo de vocês.

   b) Cuidem da postura e do tom de voz para que as informações sejam facilmente compreendidas pelos colegas.

   c) Usem uma linguagem mais cuidada, mais formal.

   d) Ouçam e respondam às dúvidas que surgirem.

   e) Assistam à apresentação dos colegas, com respeito e atenção.

Aí vem... texto informativo

Você sabe por que as formigas parecem andar em fila, uma atrás da outra? Leia o texto informativo a seguir.

Por que as formigas vivem juntas?

As formigas são insetos que vivem em sociedade, como as abelhas e os cupins. Elas vivem juntas em grandes grupos organizados chamados **colônias**. Cada formigueiro tem uma rainha que bota todos os ovos. A maioria das outras formigas são fêmeas operárias. Elas constroem o formigueiro, procuram comida, limpam o ninho, combatem inimigos e cuidam das jovens **larvas**.

Carolina Caires Coelho. **Como? Onde? Por quê?** Barueri: Girassol, 2007. p. 26-27.

Jack_Talis/Shutterstock

Palavras em jogo

As sílabas qua, que, qui

Atividade oral e escrita

1 Leia o trecho de um poema sobre o iaque.

Rock do iaque

Um dia no Tibete encontrei um iaque
Doido por nhoque
Doido por nhoque
E lá fui eu fazer nhoque pro iaque.
[...]

Sérgio Capparelli. **Poesia de bicicleta**. Porto Alegre: L&PM, 2009. p. 26.

Polina Truver/Shutterstock

O iaque é um boi selvagem que vive nas montanhas cobertas de neve no continente asiático. Seu pelo grosso serve de proteção.

2 Fale três vezes, bem rápido:

[...] nhoque pro iaque.

O que o som produzido lembra?

3 Algumas das palavras do quadro apresentam um som semelhante ao que existe em **iaque**. Outras não. Leia-as e separe-as na tabela de acordo com o som.

nhoque quadro moleque
querida aquário quibe maluquinho
máquina raquete quatro

QUA (som de quati)	**QUE** (som de iaque)	**QUI** (som de quilo)

4 Cruzadinha silábica.

São aves (no diminutivo) ↓ (coluna com "pe", "ri")

O que não é grande →			pe		
O que é amado →			ri		
É uma fruta →		ca			
É um animal →		qua			
Nome das histórias dos gibis →			nhos		

Mesmas letras, outro som

Observe as imagens e leia os pares em voz alta.

quente

50

cinquenta

esquilo

tranquilo

Ilustrações: Andréia Vieira/Arquivo da editora

a) O que você observou?

b) Leia outras palavras em que a mudança de som também acontece.

ESQUENTA	FREQUENTA	QUESTÃO	SEQUESTRO

c) Registre o que foi observado nos itens acima.

____

____

____

Memória em jogo

Leia e memorize esta lista de comidas malucas. Veja se consegue se lembrar de cinco delas e escreva de memória na página 297.

Lista das comidas preferidas do meu bicho de estimação:

1. *pizza* de chiclete
2. sorvete de repolho
3. sopa de cuspe
4. macarrão de minhoca
5. farofa de areia
6. bife de borracha
7. patê de sabão

Eva Furnari. **Listas Fabulosas**. São Paulo: Moderna, 2013. p. 10.

Assim também aprendo

- Quem come o quê? Leia para se divertir:

Um homem pede uma salada no restaurante. Quando vai comer, vê uma mosca no tomate. Chama o garçom e diz:

– Tem uma mosca no meu tomate! O que eu faço?

– O garçom responde:

– Fique tranquilo, a aranha que está na sua alface vai comer a mosca já, já!

Tradição oral.

Vanessa Alexandre/Arquivo da editora

O que estudamos

Autoavaliação

Pinte ou faça um **X** na coluna que mostra como você se saiu nesta unidade.

Unidade 11		Avancei	Preciso estudar mais
Gênero	Leitura e interpretação de **texto informativo** e **infográfico**		
	Identificação dos recursos usados para organizar informações		
	Produção de texto informativo		
Estudo sobre a língua	Formação de palavras		
	Palavras com as sílabas **qua**, **que**, **qui**		
Oralidade	Participação nas atividades orais		

Sugestões de...

Jornal

O Jornal Joca foi criado especialmente para jovens e crianças. As matérias e reportagens, escritas com linguagem adequada à faixa etária, levam ao leitor informações sobre o que está acontecendo no Brasil e no mundo em diversas áreas, além de questões ambientais, curiosidades e muitos outros temas ligados ao universo infantojuvenil.

Reprodução/Editora Magia de Ler

Site

<http://chc.org.br>
CHC, Ciência Hoje das Crianças é uma revista *on-line* para crianças. Nela a criança encontra matérias sobre o universo científico de forma divertida, lúdica e fácil de aprender. Acesso em: 26 fev. 2020.

Reprodução/http://chc.org.br/

Unidade

12 Texto teatral

Nesta unidade você vai...

- ler e interpretar texto teatral;
- identificar marcadores de fala dos personagens;
- participar da encenação de um texto teatral;
- rever sinais de pontuação na escrita, relacionando-os com a ideia e com a expressividade da frase;
- observar a pronúncia de **O** e **E** em sílaba átona no fim da palavra;
- participar de atividades orais.

- Você já assistiu a uma peça de teatro? Onde isso aconteceu? Na escola? Em uma festa? No teatro da cidade?
- Observe as crianças da cena. O que elas estão fazendo?
- Você sabia que há várias maneiras de representação teatralizada?

LB Ilustrações/Arquivo da editora

Para iniciar

Palco teatral

Que tal fazer um palco para contar uma história de forma teatralizada?

Material

- caixa grande de papelão
- cola branca
- tesoura com pontas arredondadas
- lápis
- pincel
- régua
- fita ou barbante
- papel colorido ou pedaço de tecido

Modo de fazer

1. Abra a caixa conforme o modelo.
2. Elimine as partes que não são necessárias.
3. Meça o tamanho que deve ter a abertura.
4. Risque-a usando lápis e régua. Em seguida, corte o papelão com a tesoura no molde da abertura.
5. Dilua a cola branca em um pouco de água. Depois, espalhe essa mistura com um pincel por toda a superfície externa da caixa.
6. Cubra o papelão com papel colorido ou pedaço de tecido.
7. Meça a abertura do palco. O papel ou o tecido deve ter o dobro do tamanho dessa abertura.
8. Corte o tecido ao meio.
9. Prenda cada parte do tecido em cada lado do palco.
10. Amarre cada parte da cortina com fita ou barbante.

O palco já está pronto. E agora? Qual é a melhor história para ser teatralizada? De príncipes e princesas... de bichos... de heróis e vilões... qual delas você vai escolher?

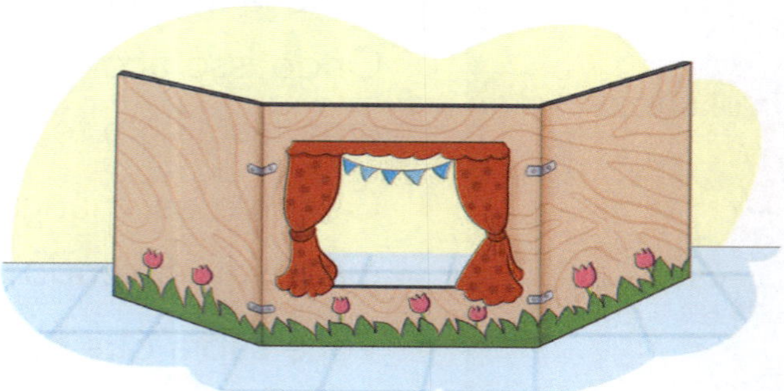

Vanessa Alexandre/Arquivo da editora

Você tem vontade de atuar em uma peça teatral? Como seria essa experiência? Muitos fatos curiosos podem acontecer em uma peça teatral, até a noite pode desaparecer. Você já imaginou viver sem as noites?

Acompanhe a leitura da professora para saber mais detalhes. Preste atenção na indicação de cada fala.

Leitura: texto teatral

O jacaré que comeu a noite

Andréia Vieira/Arquivo da editora

Narradora

Personagens:
- empregado
- jacaré
- macaco
- jabuti
- tamanduá
- anta
- sapo

Narradora — Era uma vez um jacaré mandão. Quando os empregados vinham trazer as coisas que ele tinha pedido...

Empregado — Dá licença, seu jacaré?

Jacaré — Só se limpar o pé!

Narradora — E era uma vez também uma floresta: a floresta onde morava o jacaré... Tinha bicho de tudo quanto é tipo: tinha macaco, jabuti, sapo, orangotango, tamanduá, bicho-preguiça, anta...

Vira e mexe acontecia alguma festa na floresta.

Os bichos sempre achavam algum motivo para comemorar...

Um belo dia estava acontecendo uma dessas festas justamente pra comemorar a volta do sol, que tinha ficado escondido quase uma semana por causa da chuva. A bicharada estava numa animação de dar gosto, quando, de repente...

Macaco — Uai! O sol sumiu! Cadê o sol?

Jabuti — Nossa! Que escuridão!

Tamanduá — Acenda uma vela, sapo! Não está dando para enxergar nada!

Sapo — Será o fim do mundo, tamanduá?

Anta — Não, não é nada disso, minha gente! Eu vi, eu vi o jacaré... **nhact**... comendo o sol! Eu vi!

Narradora — Era a anta que havia chegado esbaforida com a notícia. E a bicharada resolveu se reunir pra falar com o jacaré. Foram que foram tropeçando, um segurando o outro, mas chegaram!

Macaco — Ô, jacaré, que negócio é esse de você comer o sol e deixar a gente nesta escuridão?

Jacaré — Ué... Me deu vontade, ora essa... E agora o sol é meu, macaco! Não adianta pedir de volta que eu não dou, não!

Narradora — E encerrou a conversa. Os bichos ainda tentaram insistir, mas não adiantou.

Voltaram pra casa, desanimados da vida, e já estavam quase dormindo, quando...

Jacaré — Uaaaaaaaaai!

Jabuti — O que será isso, minha gente?

Narradora — De novo, tropeçando nos próprios pés, ofegando, cansada, passava a anta com a nova notícia...

Anta — Foi ele, foi ele outra vez! Eu vi, eu vi o jacaré cuspindo o sol! Depois... Depois ele chorava de dor, coitado!

Sapo — Coitado nada! Quem manda ficar engolindo tudo o que vê? Vamos ver se agora ele para com essa mania!

[...]

Macaco — Peraí, tamanduá, peraí! O que está acontecendo hoje? Meu Deus... Parece até que a noite também está indo embora! Está ficando claro, rapaz! Olha só!

Narradora — Pois não é de ver que a noite virou dia mesmo?

A bicharada estava pasmada, assustada!

Os que já estavam dormindo acordaram, com a luz forte do sol que apareceu, e os que estavam ainda acordados não puderam mais dormir. De repente...

Anta — Foi ele, foi ele! Eu vi, eu vi! Foi o jacaré outra vez! Ele resolveu comer a noite também!

Narradora — Era a anta, claro, que chegava com o coração na boca, mal podendo respirar!

Macaco — Ah, essa não! O jacaré não pode fazer isso com a gente!

Narradora — O macaco estava furioso! Chamou a bicharada e foram todos falar com o jacaré!

Macaco — Ô, jacaré, que negócio é esse de agora você comer a noite e deixar a gente neste sol, hem?

Assim ninguém vai conseguir dormir! Ô, rapaz!

Jacaré — Não quero nem saber! Agora a noite é minha! Só minha! E assunto encerrado.

[...]

Narradora — E lá se foi a bicharada toda, danada da vida!

Macaco — Ô, jacaré, que negócio é esse de ficar com a noite que vai e volta com você, hem? Nós queremos é a noite verdadeira!

Jacaré — Não adianta, macaco!

Macaco — Por quê?

Jacaré — Essa noite eu não dou, não! Fui eu que engoli!

Agora ela é minha! Só minha! E assunto encerrado!

Narradora — Os bichos não sabiam mais o que fazer. Quando o jacaré dizia "assunto encerrado" era assunto encerrado mesmo. Não adiantava insistir. Mas o jabuti, calmo como sempre, pensava, pensava...

Jabuti — Tive uma ideia, pessoal. E acho que ela vai dar certo!

Macaco — Fale logo, jabuti! Que ideia é essa?

Jabuti — Vamos fazer o seguinte: quando o jacaré for descansar, depois do almoço, a gente chega perto e começa a cantar uma canção de ninar. O jacaré está com tanta noite dentro dele, que num instante vai pegar no sono. Aí a gente tira a noite da sua barriga!

Macaco — É... pode ser que dê certo!

Narradora — Pelo sim, pelo não, não custava tentar...

Logo depois do almoço, pertinho do rio...

Boi, boi, boi, boi da cara preta,

pega esta menina que tem medo de careta!

Narradora — Enquanto os outros cantavam, o macaco estava de guarda para avisar quando o jacaré pegasse no sono. De repente...

Macaco — Pronto, pessoal! Ele já está até roncando! E de boca aberta! Eu até pude ver um pedacinho da noite e um raio de lua querendo escapar!

Jabuti — Espere, macaco!

Macaco — Que foi?

Jabuti — Eu acho melhor a gente deixar um pouquinho de noite dentro do jacaré pra ele não acordar de uma vez!

Macaco — É, você tem razão, jabuti! Você tem razão! Mas vamos lá, pessoal! Todo mundo cantando bem baixinho, hem!

Narradora — E foi um puxa daqui, outro puxa dali... E era um bicho puxando o outro, e o outro puxando o outro que puxava a noite! De repente o jacaré deu um bocejo. A bicharada toda parou de susto! O jacaré abriu um olho só!

Jacaré — Eu quero um golinho d'água!

Narradora — Foi uma correria pra atender o pedido do jacaré! Em seguida...

Jacaré — Quem está aí?

Narradora — Silêncio profundo! Os bichos viraram estátuas!

Jabuti — Somos... Somos nós, jacaré! Somos os donos da noite!

Narradora — Alívio geral! A resposta do jabuti tinha sido um verdadeiro achado!

O jacaré continuava a dormir e os bichos continuavam a puxar a noite.

Macaco — Pronto! Olhem só que beleza de escuridão! Ai, que sono!

Jabuti — Fala baixo, macaco!

Macaco — Por quê?

Jabuti — E chega de puxar, anta!

Vamos deixar esse restinho de noite na barriga do jacaré!

Narradora — E a noite foi pro céu e cobriu o mundo...

Alguns bichos nem conseguiram voltar pra casa...

Dormiram por ali mesmo. Outros foram embora, cantando... Mas sempre tinha algum bicho por perto do jacaré com um copo de água na mão...

Jacaré — Quem está aí?

Bicho — Somos nós, jacaré! Somos os donos da noite!

Narradora — É... Dizem que é por isso que o jacaré vive sempre dormindo e bebendo água, até hoje...

Oh, que noite tão bonita

Joel Rufino dos Santos. **O jacaré que comeu a noite**.
São Paulo: Abril Cultural, 1982. p. 4-8, 12-14.

Andréia Vieira/Arquivo da editora

Sobre o autor

Fábio Motta/Agência Estado

Joel Rufino dos Santos nasceu no Rio de Janeiro. Quando criança, gostava de ouvir as histórias que sua avó pernambucana lhe contava e lia tudo o que caía em suas mãos. Formou-se em História, foi professor de Literatura e um dos principais autores brasileiros de livros de literatura infantil e juvenil. Viveu entre 1941 e 2015.

Reprodução/Abril Cultural

Interpretação do texto

Atividade oral e coletiva

O texto teatral é escrito para ser encenado, isto é, uma história apresentada por meio de falas, gestos, movimentos e expressões dos atores. O texto teatral é construído principalmente pelo **diálogo** entre os personagens.

1. Qual é o fato principal ou o **assunto** da história?

2. **Onde** aconteceram os fatos?

3. **Por que** esse fato causou preocupação a todos?

4. Qual foi o plano para resolver o problema?

5. Além da **narradora**, quantos **personagens** há nesse texto?

6. Como é possível saber qual é a fala de cada personagem?

7. Que personagem:
   a) é calmo e pensa muito?
   b) é o mais inquieto, furioso e lidera os outros animais na história?
   c) traz as últimas notícias?
   d) é mandão e se acha o dono do mundo?

8. Quem teve a ideia para resolver o problema de todos?

9 Por que os animais deixaram um pouco da noite dentro do jacaré?

10 A história apresenta uma explicação mágica para o fato de o jacaré viver sempre dormindo. Que explicação é essa?

Hora de organizar o que estudamos

Leiam juntos o esquema a seguir.

Texto teatral

↓

Texto escrito para ser encenado

Intenção/finalidade	**Linguagem**	**Público**
Contar uma história por meio de encenação	• Falas • Gestos • Expressões dos atores	Pessoas que se interessam por teatro

Prática de oralidade

Conversa em jogo

Autoritarismo

Releia estes trechos das falas da narradora sobre o jacaré no texto teatral.

> — Era uma vez um jacaré mandão. [...]

> — Os bichos não sabiam mais o que fazer. Quando o jacaré dizia "assunto encerrado" era assunto encerrado mesmo. Não adiantava insistir. [...]

Segundo o dicionário, **autoritarismo** é a qualidade de quem é **autoritário**, que gosta de mandar e ser obedecido.

a) Você considera o jacaré desse texto um personagem autoritário? Por quê?

b) Você conhece alguma pessoa mandona, autoritária? Por que você a considera uma pessoa autoritária? Aguarde as orientações da professora e, quando chegar a sua vez, conte o que lembrou sobre essa pessoa ou o fato acontecido.

Língua: usos e reflexão

Sinais de pontuação e expressividade

Atividade oral e escrita

Releia silenciosamente este trecho do texto teatral "O jacaré que comeu a noite".

Narradora — [...] Um belo dia estava acontecendo uma dessas festas justamente pra comemorar a volta do sol, que tinha ficado escondido quase uma semana por causa da chuva. A bicharada estava numa animação de dar gosto, quando, de repente...

Macaco — Uai! O sol sumiu! Cadê o sol?

Jabuti — Nossa! Que escuridão!

Tamanduá — Acenda uma vela, sapo! Não está dando para enxergar nada!

Sapo — Será o fim do mundo, tamanduá?

a) A professora escolherá dois grupos de alunos para reler em voz alta esse trecho com bastante expressividade, de acordo com a orientação indicada na fala de cada personagem.

Personagens	Expressividade – grupo 1	Expressividade – grupo 2
Narradora	como contador de história	como repórter de um programa policial
Macaco	surpreso	medo
Jabuti	com muito medo	espantado
Tamanduá	fazendo um pedido	ordenando
Sapo	pensando em uma explicação em voz alta	com medo do que pode acontecer

b) Depois das leituras, você acha que os dois grupos leram o texto obedecendo à entonação indicada pelo sinal de pontuação?

____

____

c) Conversem: O que ficou diferente na leitura de cada grupo?

Hora de organizar o que estudamos

Depois de ouvir a leitura do mesmo trecho pelos dois grupos, completem o esquema abaixo, escrevendo a conclusão a que chegaram sobre o uso dos sinais de pontuação na frase.

Sinais de pontuação

• ajudam a organizar as ____________ da frase.	• indicam a **expressividade**, que pode variar de acordo com a ____________ do autor ou do leitor da frase.	• ajudam a indicar o ____________ que o autor quer dar à frase.

Palavras em jogo

Escrever de um jeito e falar de outro

Letras O e E em sílaba átona no fim da palavra

Atividade oral e escrita

1. Agora, a professora vai escolher um aluno para ler em voz alta para a turma o trecho a seguir do texto teatral:

> **Narradora** — E a noite foi pro céu e cobriu o mundo...
>
> Alguns bichos nem conseguiram voltar pra casa...
>
> Dormiram por ali mesmo. Outros foram embora cantando... Mas sempre tinha algum bicho por perto do jacaré com um copo de água na mão...

a) Observem como é pronunciada a letra O no fim das palavras abaixo.

mundo	mesmo	bicho	perto	copo

b) Ao pronunciar as palavras em voz alta, qual som vocês ouvem?

2 Pinte as palavras em que a letra **O** no fim da palavra pode ser pronunciada com o mesmo som das palavras que você leu na página anterior. Converse com os colegas sobre o que observaram.

coco	cocô	ovo	cipó	moço	vovô

3 Leiam em voz alta este conjunto de palavras.

rio	saiu	funil	pavio	viu	barril

Conversem: O que vocês observaram em relação ao som dessas palavras?

4 Agora releiam.

Macaco — Ô, jacaré, que negócio é esse de você comer o sol e deixar a gente nesta escuridão?

Jacaré — Ué... Me deu vontade, ora essa... E agora o sol é meu, macaco! Não adianta pedir de volta que eu não dou, não!

Ouçam como foram faladas as palavras:

jacaré	você	gente	ué	vontade

A letra **E** no fim dessas palavras foi pronunciada da mesma forma em todas elas?

5 Pinte os casos em que a letra **E** no fim das palavras pode ser pronunciada como **I**.

leite	pavê	dente	café	dendê	doce

O que podemos concluir sobre as palavras em que a letra **E** é pronunciada como **E** e não como **I**?

6 Marque a alternativa que indica o que podemos concluir das observações feitas.

- [ ] Toda palavra é pronunciada exatamente como é escrita.
- [ ] Na fala, a pronúncia pode ser diferente do que está escrito.
- [ ] A fala e a escrita são sempre iguais.

Tecendo saberes

Você leu um texto teatral em que o autor optou por inserir na história personagens comuns no estado de Pernambuco, região onde viveu sua avó. O teatro sempre esteve relacionado com a cultura de um povo. Leia o trecho de um texto para conhecer um pouco mais sobre essa arte.

O teatro e suas origens

[...] Em suas origens, o teatro esteve diretamente ligado com a religião, o povo acreditava que através das encenações era possível invocar os deuses e manipular as forças da natureza. Usavam máscaras e fantasias, cantavam, dançavam e encenavam, mas não travavam diálogos.

[...] Foi na Grécia que o teatro se popularizou. As grandes celebrações para o deus do vinho, Dionísio, aconteciam periodicamente e foi durante uma destas celebrações que o primeiro diálogo surgiu. Este acontecimento foi o que gerou a semente do teatro ocidental como o conhecemos hoje. Com o passar do tempo o teatro evoluiu conforme as reflexões do homem e deixou de ser um espetáculo religioso, começou a abranger diversos temas. [...]

Disponível em: <www.cidadedasartes.org/noticias/interna/401>. Acesso em: 28 fev. 2020.

- Você já assistiu a uma peça de teatro? O que achou? Converse com os colegas.

Outras linguagens

- Quem vai encenar um texto teatral precisa também motivar as pessoas a ir ao teatro onde a peça está sendo apresentada. Um cartaz tem essa missão: motivar as pessoas a assistir à peça dando a elas algumas informações.

  Vejam o cartaz ao lado.

  Relembrem o que vocês estudaram sobre cartazes publicitários e respondam: Esse cartaz motivaria vocês a assistir a essa peça teatral? Por quê?

Reprodução/CITM Teatro

Cartaz da peça **Pluft, o fantasminha**. A peça foi apresentada em março de 2017, na cidade de Ilhéus, na Bahia.

Produção de texto

Encenação do texto teatral

Vocês vão fazer uma encenação do texto "O jacaré que comeu a noite". Aguardem a definição sobre quais falas pertencem ao seu grupo.

Preparação

1. Pintem no texto as linhas da fala ou das falas do seu grupo.
2. Ensaiem cada uma delas pensando em como seria a fala de um jacaré mandão, uma anta afobada ou um macaco esperto.
3. Prestem atenção na pontuação e nas palavras do texto para caprichar na entonação, no ritmo, nos gestos, nos movimentos e nas expressões faciais.

Planejamento

1. Antes de pensar em como montar o cenário para a encenação do texto teatral, acompanhem a leitura que a professora vai fazer do texto abaixo, que descreve o passo a passo de uma montagem de cenário já realizada.

Brincadeiras com o dia e a noite

Primeiro escolhemos quem ia fazer o Sol e a Lua.

Fernando pediu para ser o Sol e Maria quis ser a Lua.

O Sol vestiu roupas da cor do fogo, amarelas e vermelhas, e pintou as bochechas de vermelho.

A Lua se vestiu de branco e azul e passou bastante talco no rosto e nos braços.

De um lado colocamos folhas de papel com uma noite desenhada e, do outro, colocamos outras folhas com o desenho do dia. Do lado da noite pusemos cobertores e lanternas. Do lado do dia deixamos uma porção de coisas para brincar.

Depois desenhamos um jacaré bem grandão num pedaço de pano e penduramos num pedaço de barbante grosso como se fosse uma cortina. Usamos pregadores de roupa para prender a cortina no barbante.

Eu segurei numa ponta e Fernando na outra, para não deixar a cortina cair.

Daí, resolvemos fazer um Sol e uma Lua com arame e papel celofane. Pegamos um arame fácil de dobrar e fomos dando o contorno das formas com as mãos mesmo. Quando precisava juntar um arame no outro, a gente usava fita-crepe.

[...]

Quando o Sol e a Lua ficaram prontos, colocamos atrás do pano com o jacaré desenhado e, com uma lanterna, acompanhávamos os movimentos de cada um. O Sol e a Lua entravam pela boca e iam até a barriga do jacaré.

Quanto mais a gente mexia o Sol e a Lua atrás da cortina com o jacaré, mais coisas aconteciam. De repente, o jacaré engolia a Lua, de repente, engolia o Sol, e, cada vez que isso acontecia, a gente fazia barulhos diferentes.

Meu primo deu uma ideia ótima para movimentar ainda mais a brincadeira: disse que a gente podia fazer uns sonhos bem bonitos com arame e celofane para o jacaré e fazer com que eles andassem pelo seu corpo.

Nosso teatro ficou lindo naquele dia: fizemos os bichos e as coisas da noite, que apareciam com a Lua, e os bichos e as coisas do dia, que apareciam com o Sol.

Joel Rufino do Santos. **O jacaré que comeu a noite**. São Paulo: Abril Cultural, 1982. p. 15-18.

2. Agora, decidam quem vai representar cada um dos personagens.
3. Façam a relação do material que deverá ser providenciado tanto para o cenário quanto para o figurino: peças de roupa, papel, material para pintura, tecido, barbante, pregadores, corda, entre outros.
4. Relacionem, em uma lista com o nome de todos os alunos da sala, quem ficará encarregado de providenciar cada material.
5. Aguardem a professora agendar o dia de organizar a montagem do cenário e dos figurinos.

Ensaio

No cenário preparado, cada personagem fará sua apresentação: falas, gestos, movimentos. Os alunos que ficaram encarregados de manipular algum elemento do cenário também executarão o que foi combinado.

Revisão

1. Aguardem o dia combinado para assistir ao ensaio da dramatização do texto pelos personagens já no cenário pronto.
2. Observem a atuação de cada um dos personagens quanto a voz (altura, entonação e expressividade nas falas), gestos e movimentação no cenário.

Encenação

Aguardem as orientações da professora sobre o dia, a hora e o local da encenação do texto teatral, bem como a definição do público-alvo: alunos de outras turmas e outros anos, familiares ou até mesmo pessoas da comunidade em que a escola está inserida.

Memória em jogo

Você sabe cantar os versos desta cantiga popular? Tente registrar estes versos de memória na página 297.

Caranguejo não é peixe
Caranguejo peixe é
Caranguejo só é peixe
Na vazante da maré.

Domínio público.

Camila de Godoy/Arquivo da editora

Assim também aprendo

- Nas encenações teatrais há vários personagens. E como seria uma festa em que cada pessoa se veste como um personagem diferente? Foi assim na festa de aniversário da Mônica. Veja:

Mauricio de Sousa. A festa das princesas. **Revista Mônica**, n. 11. São Paulo: Editora Mauricio de Sousa. p. 6.

O que estudamos

Autoavaliação

Pinte ou faça um **X** na coluna que mostra como você se saiu nesta unidade.

<table>
<tr><th colspan="2">Unidade 12</th><th>Avancei</th><th>Preciso estudar mais</th></tr>
<tr><td rowspan="3">Gênero</td><td>Leitura e interpretação de texto teatral</td><td></td><td></td></tr>
<tr><td>Identificação de marcadores de fala dos personagens</td><td></td><td></td></tr>
<tr><td>Encenação de texto teatral (preparar o cenário, dramatizar gestos, movimentos e expressões dos personagens, treinar entonação de voz e expressividade de frases)</td><td></td><td></td></tr>
<tr><td rowspan="2">Estudo sobre a língua</td><td>Sinais de pontuação e expressividade</td><td></td><td></td></tr>
<tr><td>A pronúncia de O e E em sílaba átona no fim de palavra</td><td></td><td></td></tr>
<tr><td>Oralidade</td><td>Participação nas atividades orais</td><td></td><td></td></tr>
</table>

Sugestões de...

Livros

Reprodução/Editora Formato

***O fantasma da máscara*, de Victor Louis Stutz, publicado pela Formato Editorial.**
Montar uma peça teatral – na escola, no clube, em casa – é fácil e pode ser muito divertido. Basta reunir um grupo de colegas, escolher uma história da coleção "Escola em Cena" e seguir as instruções e orientações do livro para encenar. Divirta-se!

Reprodução/Editora Formato

***Teatro*, de Raquel Coelho, publicado pela Formato Editorial.**
Em um texto gostoso, Raquel Coelho reúne neste livro importantes informações sobre o teatro, comentando cenários, personagens famosos, objetos e diversos fatos relativos à manifestação artística teatral.

Ordem alfabética e uso do dicionário

Ordem alfabética

Vamos conhecer uma cidade diferente. Leia.

Cacoete

Cacoete era uma cidade pequena. Tinha 187 habitantes. Todos eram muito, muito organizados. Mas sua organização tinha um jeito diferente, especial. Um jeito que só existia em Cacoete.

Os nomes das ruas da cidade eram alinhados em **ordem alfabética**:

Rua dos **A**lfinetes,

das **B**erinjelas,

dos **C**alcanhares, e assim por diante.

Os moradores também eram ordenados desse mesmo modo.

O Frido, por exemplo, morava antes da Griselda e depois da Euzinete.

Euzinete

Frido

Griselda [...]

Eva Furnari. **Cacoete**. São Paulo: Ática, 2005.

a) Complete.

- Nome da cidade: ________________________

- Número de habitantes: ________________________

b) Marque um **X** para o que for correto.

A cidade era:

☐ pequena e organizada.

☐ pequena e bagunçada.

☐ diferente e especial.

c) A cidade organizava em ordem alfabética o nome das ________________

e dos ________________.

Para que serve a ordem alfabética?

Atividade oral e escrita

1 Veja dois exemplos em que a ordem alfabética aparece.

1 – Dicionário

hábil • holofote

Aa Bb Cc Dd Ee Ff Gg Hh Ii Jj Kk Ll Mm Nn Oo Pp Qq Rr Ss Tt Uu Vv Xx Zz

hábil *há-bil*
• plural: hábeis
• feminino: hábil
Dizemos que é hábil a pessoa que tem a capacidade de fazer bem alguma coisa.
Meu avô é muito hábil para fazer consertos.
• oposto de: inábil
• família: habilidade, habilidoso

habitar *ha-bi-tar*
Habitar é morar, viver em algum lugar.
Muitos tipos de animais habitam no Pantanal.
• oposto de: desabitar
• família: habitação, habitacional, habitado, habitante, *habitat*, inabitável

hábito *há-bi-to*
Hábito é um costume, uma coisa que fazemos sempre.
Mamãe tem o hábito de dormir cedo.
• família: desabituado, habituado, habitual, habituar

haver *ha-ver*
1 Haver é o mesmo que existir.
Não havia menina mais bonita que minha irmã.
2 Haver significa também fazer, passar (o tempo).
Há anos que eles não moram mais aqui.
3 Haver ainda quer dizer suceder, acontecer.
Parece que houve uma batida de carro na rua de cima.

helicóptero *he-li-cóp-te-ro*
O helicóptero é um aparelho que voa nos sentidos horizontal e vertical, movido por lâminas que giram.
O helicóptero pousou no alto do edifício em chamas.
• família: heliporto

herói *he-rói*
• feminino: heroína
Herói é alguém admirado por possuir grandes qualidades e por ter feito coisas extraordinárias.
O bombeiro que salvou a criança do incêndio transformou-se em herói.
• família: heroico, heroísmo

higiene *hi-gi-e-ne [ê]*
Higiene significa limpeza, asseio.
É muito importante manter a higiene da escola.
• família: higiênico, higienizado, higienizar

hino *hi-no*
Hino é uma canção usada para representar um país ou um grupo.
Você já sabe de cor o hino brasileiro?

história *his-tó-ria*
1 História é o conjunto de informações que aprendemos sobre o passado da humanidade.
A Proclamação da República é um dos fatos mais importantes da história do Brasil.
• família: historiador, histórico, pré-história
2 História é também uma narrativa, que pode ser inventada ou ter acontecido de verdade.
Depois do jantar, vovó contou histórias incríveis sobre sua infância.
• família: historieta

hobby *hob-by [róbi]*
• plural: *hobbies*
Hobby é uma palavra de origem inglesa que significa passatempo; é uma atividade que gostamos de praticar nas horas de lazer.
Jogar xadrez é o hobby favorito dele.

hoje *ho-je*
Chamamos de hoje o dia que estamos vivendo neste momento.
Hoje tenho de sair mais cedo para ir ao médico.
• *hoje em dia*: atualmente

holofote *ho-lo-fo-te [ó]*
Holofote é um aparelho que projeta uma faixa forte de luz a uma grande distância.
Os holofotes iluminaram a atriz quando ela entrou no palco.

98

Carmen Sílvia Carvalho e Maria Tereza C. Biderman. **Meu primeiro livro de palavras**. São Paulo: Ática, 2005. p. 98.

2 – Agenda de telefones

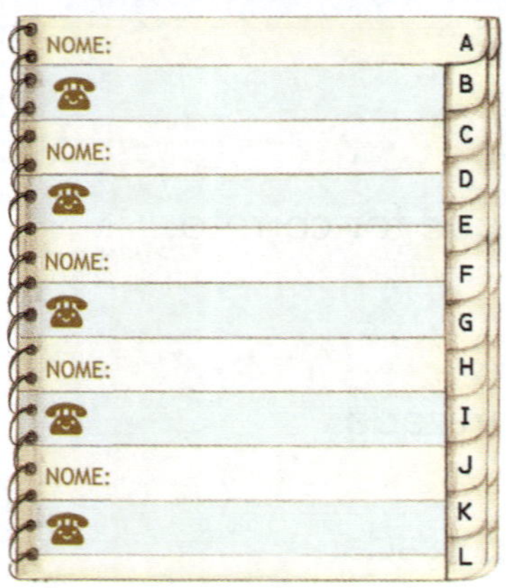

a) Pesquise outras situações em que a ordem alfabética aparece.

b) Traga para a sala de aula o que você encontrar.

c) Você acha importante a organização em ordem alfabética? Por quê? Converse com os colegas.

2 Escreva os nomes do quadro em ordem alfabética.

Clarice	Flávio	Alice	Daniel
Estela	Gina	Bárbara	Helena

a) ______________________ e) ______________________

b) ______________________ f) ______________________

c) ______________________ g) ______________________

d) ______________________ h) ______________________

Nomes fora da ordem

1 Escreva os nomes em ordem alfabética.

Dica: Circule, no quadro, a letra depois do D.

Denise
Daniela
Dulce
Dora
Diogo

a) ______________________

b) ______________________

c) ______________________

d) ______________________

e) ______________________

2 Escreva os nomes em ordem alfabética.

Jane	Fábio	Eva	Juraci
José	Helena	Janete	João

a) ______________________ e) ______________________

b) ______________________ f) ______________________

c) ______________________ g) ______________________

d) ______________________ h) ______________________

3 Escreva os nomes do quadro em ordem alfabética.
Dica: Circule, no quadro, a letra depois do O.

Oto
Osmar
Odorico
Ofélia
Olavo
Omar

a) ______________________

b) ______________________

c) ______________________

d) ______________________

e) ______________________

f) ______________________

Nomes iguais. E agora?

1. Observe a lista abaixo.

Maria Aparecida Bueno
Maria Aparecida Coelho
Maria Gomes
Maria Luísa Peixoto

Qual foi a ordem utilizada para organizar essa lista?

____

____

2. Agora que você descobriu o segredo da ordem dos nomes, organize os nomes abaixo em ordem alfabética.

Aline Sá da Silva	Paulo Dias Gomes	Diogo Moreira
Paulo Vieira	Diogo Luís Costa	Hugo Lobato

a) ____

b) ____

c) ____

d) ____

e) ____

f) ____

Dicionário

Dicionário é um livro que reúne muitas palavras e seus significados. Assim, podemos encontrar quais sentidos as palavras da nossa língua podem ter, além de outras informações.

1 Para facilitar a localização, as palavras são organizadas no dicionário em ordem alfabética. Leia o que um dicionário traz sobre a palavra **tomilho**.

> **tomilho**: erva cujas flores rosadas têm propriedades aromáticas e as folhas são usadas como tempero.

Saraiva jovem: dicionário da Língua Portuguesa ilustrado. São Paulo: Saraiva, 2011. p. 1180.

Comece observando a primeira letra de cada palavra.

2 Escreva as palavras do quadro em ordem alfabética.

ameixa	tomilho	peixe	batata	pera	carne	abacaxi
melão	cebolinha	repolho	limão	cenoura	morango	

____

____

____

3 Complete a lista com nomes de alimentos iniciados pelas letras do alfabeto.

abacaxi
b______
cebola
damasco
e______
f______
g______
h______
inhame
j______
k______
l______
m______
n______
orégano
p______
q______
repolho
s______
t______
uva
v______

Página de dicionário

1 Observe as palavras **abacate** e **abacaxi**.

Editora Nova Fronteira/Ilustração: © Ziraldo/Acervo do cartunista

a / abotoar

a
sm. **1.** A 1ª letra do nosso alfabeto. • *art. def.* **2.** Feminino do artigo *o*: a *casa*; a *menina*.

abacate
sm. Fruto comestível de casca grossa e polpa muito macia. Tem um caroço grande.

abacaxi
sm. Fruto comestível de casca grossa e áspera, e polpa doce.

ábaco
sm. Aparelho usado para somar, subtrair, multiplicar e dividir. É formado por uma moldura retangular, com arames esticados nos quais correm pequenas bolas. Usado desde tempos muito antigos.

abaixar
v. **1.** Tornar baixo ou mais baixo; baixar: *Pedro* abaixou *o som da televisão para não acordar o Fernando.* **2.** Fazer descer; baixar: *A professora* abaixou *o quadro-negro para o Fernando escrever.*

abandonar
v. Deixar, largar: *Mariana* abandonou *a brincadeira porque ficou cansada.*

abdome
sm. Parte do corpo do homem e de outros animais, que contém vários órgãos, como o estômago, o fígado, os intestinos, os rins; barriga.

á-bê-cê
sm. O alfabeto: *Para aprendermos a ler e a escrever temos que conhecer o* á-bê-cê. [Plural: *á-bê-cês.*]

abelha
sf. Inseto com quatro asas, um ferrão e corpo coberto de pelos. Algumas espécies produzem mel e cera. As abelhas vivem em colmeias.

abertura
sf. 1. Ato de abrir. 2. Buraco que existe em alguma coisa, ou que é feito ou construído nela: *A* abertura *desta gruta é pequena. Fizeram uma* abertura *na parede para pôr mais uma janela.*

abismo
sm. **1.** Lugar muito fundo; precipício: *O automóvel perdeu a direção e quase caiu no* abismo. **2.** Espaço entre montanhas próximas e muito altas. **3.** Abertura larga e funda no solo.

abóbora
sf. Fruto graúdo, de polpa de um amarelo quase vermelho e casca dura, e que se come depois de cozido.

abocanhar
v. **1.** Apanhar com a boca: *O cachorro* abocanhou *a carne e fugiu.* **2.** Morder.

abotoar
v. Fechar por meio de botões.

13

Aurélio Buarque de Holanda Ferreira. **Dicionário Aurélio infantil de língua portuguesa ilustrado**. Ilustrado por Ziraldo. Rio de Janeiro: Nova Fronteira, 1989. p. 13.

Circule as letras que você observou para a palavra **abacaxi** aparecer depois da palavra **abacate**.

2 Encaixe a palavra **batata** na ordem do dicionário.

_______________ banana _______________ beterraba _______________

3 Observe as imagens e leia o nome dos alimentos.

As imagens não estão representadas em proporção.

Dercilio/Arquivo da editora

Ian O'Leary/Dorling Kindersley/Getty Images

Alfredo Franco/Arquivo da editora

Lew Robertson/StockFood/Getty Images

alho	repolho	abobrinha	chuchu

Escreva o nome do alimento de acordo com cada informação.

_______________: legume pequeno, de forma alongada e casca verde.

_______________: planta cuja cabeça parece formada de dentes.

_______________: legume de cor verde, com pequenos espinhos.

_______________: verdura de folhas que crescem juntas, em forma de bola.

Agenda de telefones

Organize uma agenda de telefones. Para isso, você precisará de:

- nomes;
- números de telefone.

a) Escolha cinco colegas.

b) Anote o nome deles em uma folha avulsa.

c) Anote o número do telefone de cada um deles.

d) Coloque os nomes com os números em **ordem alfabética** na agenda.

Tramas e traçados

Memória em jogo

Unidade 1 – Letra de canção

Vanessa Alexandre/Arquivo da editora

Unidade 2 – História em versos

Vanessa Alexandre/Arquivo da editora

Unidade 3 – Fábula

Unidade 4 – História em quadrinhos

Unidade 5 – Carta pessoal

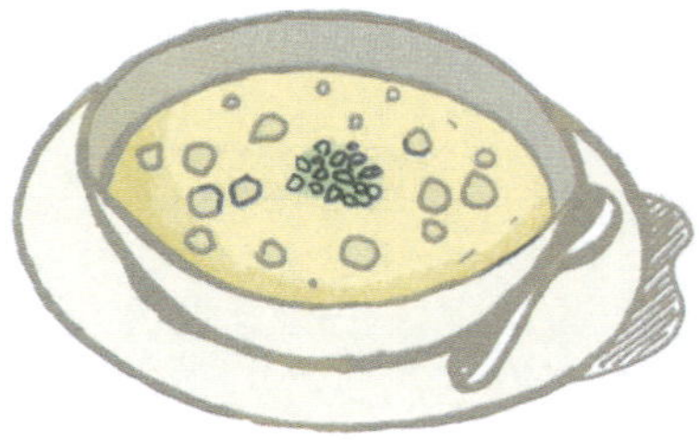

Andréia Vieira/Arquivo da editora

Unidade 6 – Conto maravilhoso

Vanessa Alexandre/Arquivo da editora

Unidade 7 – Conto popular

Camila de Godoy/Arquivo da editora

Unidade 8 – Relato pessoal

Camila de Godoy/Arquivo da editora

Unidade 9 – Cartaz publicitário

Vanessa Alexandre/Arquivo da editora

Unidade 10 – Notícia

Andréia Vieira/Arquivo da editora

Unidade 11 – Texto informativo e infográfico

- Ilustre a comida maluca mais engraçada.

Unidade 12 – Texto teatral

Camila de Godoy/ Arquivo da editora

Projeto de leitura

Convite

Você está no 3º ano e já sabe que ler pode ser muito divertido, não é?

Agora que você é capaz de ler com autonomia, já pode escolher qual das histórias a seguir você vai ler primeiro: uma que começa com "Era uma vez...", mas é de palavras rimadas; uma de um gato curioso, mas também muito carinhoso; ou fábulas contadas em prosa e em verso.

Então aceite o convite feito por estes versos:

Quem lê vai em frente
Quem escreve vai também...

Fernando Paixão. **Poesia a gente inventa**. São Paulo: Ática: 2010.

... e continue a viagem pelo mundo do **Era uma vez...** participando deste projeto de leitura.

As autoras.

Ilustrações: Weberson Santiago/Arquivo da editora

Texto 1 (em prosa)

O rato do campo e o rato da cidade

Um rato do campo convidou um rato da cidade para jantar. Serviu-lhe produtos do campo: figo, uva e castanhas. Ao ver a pobreza de seu anfitrião, o rato da cidade convidou-o para ir viver com ele. Tendo-o levado para o celeiro de um homem rico, ofereceu-lhe todo tipo de carne, de peixe e até mesmo doces. Nisso, apareceu o fiscal. Os ratos, desnorteados, fugiram na hora. O rato do campo disse então ao rato da cidade:

— É assim, com todo esse medo, que consegues teu alimento; eu tenho o prazer de conseguir o meu livremente e tranquilo.

Esopo. **Fábulas de Esopo**. Tradução Antônio Carlos Vianna. Porto Alegre: L&PM, 1990. p. 50.

Texto 2 (em versos)

O rato do campo e o rato da cidade

Ao pé duma seara verde
Dentro do seu buraquinho
Vivia o Rato do Campo
Que nunca estava sozinho

Mesmo ao lado do fogão
Dentro do seu buraquinho
Vivia o Rato da Cidade
Comia queijo e fugia do gatinho

Rato do Campo suspirava
Com a vida do primo sonhava
Comida e aconchego certos
Disso é que ele gostava

Rato da Cidade suspirava
Com a vida do primo sonhava
Liberdade e ar puro
Disso é que ele gostava

Tanto suspiraram que se ouviram
A troca então decidiram
Rato do Campo para a cidade foi
Rato da Cidade no campo o viram

Rato do Campo assustou-se
Com os bigodes do gato
Meteu-se no seu buraco
Sem comidinha no prato

Rato da Cidade ia morrendo à fome
Não sabia procurar comida
Ali não havia queijo
E era difícil a vida

Magros e com saudades
Os dois ratos suspiraram
Tanto que se ouviram
E de vida então trocaram

Logo que chegou a casa
Rato do Campo foi comer
Aqueles grãozinhos de trigo
Souberam-lhe a valer!

Logo que chegou a casa
Rato da Cidade foi comer
O queijo era saboroso
E até o gato gostou de ver

Voltaram a suspirar
Agora de alegria
Que bom era viajar
Mas em casa a vida sorria

Os Ratos desta história
Deixam-nos uma lição
Nunca devemos pensar
Que o dos outros é que é bom!

Alice Vieira. **Rato do Campo e Rato da Cidade**. Portugal: Editorial Caminho, 1991.

Texto 3

É sempre era uma vez...

Era uma vez uma cachorrinha,
muito alegre e assanhadinha.

Era uma vez um tal Marcelo,
que se achava muito belo.

Era uma vez um tal João,
que comia sorvete com feijão.

Era uma vez um cachorrão,
enjoado, latidor e folgadão.

Era uma vez um palhaço,
que só levava tombaço.

Era uma vez um sacristão,
que tocava sino com o dedão.

Era uma vez uma professora,
que teimava em ser cantora.

Era uma vez um safado prefeito,
que dizia: Não tenho defeito!

Era uma vez um meu colega,
que levou uma boa esfrega.

Era uma vez um músico italiano,
que, com o pé, tocava o seu piano.

Era uma vez um aloprado cientista,
que passava xixi na vista.

Era uma vez um feioso estudante,
que se dizia muito belo e elegante.

Era uma vez uma desajeitada menina,
que misturava perfume com gasolina.

Era uma vez o famoso Chico Peão,
que contou vantagem e foi pro chão.

Era uma vez uma tal Inez,
que tinha cão listrado e gato xadrez.

E eu quero saber agora
o resto destas histórias.

Conte de uma só vez,
quando chegar a sua vez.

Elias José. É sempre era uma vez... Disponível em: <https://novaescola.org.br/conteudo/3228/e-sempre-era–uma-vez>. Acesso em: 16 dez. 2019.

Texto 4

O gato curioso

Era uma vez era uma vez
um gato siamês.

Por ser muito engraçadinho,
é chamado de Gatinho.

Além de ser carinhoso,
ele é muito curioso.

Nada se pode fazer
que ele não deseje ver.

Se alguém mexe na estante,
está lá no mesmo instante.

Se vão consertar a pia,
está ele lá de vigia.

E o resultado é que quando
viu seu dono consertando

A tomada na parede,
meteu-se, com tanta sede,

a cheirar tudo que – nhoque!
levou um baita choque!

E pensa que ele aprendeu?
Mais fácil aprendia eu!

Mantém-se o mesmo abelhudo
que quer dar conta de tudo.

Ilustrações: Weberson Santiago/Arquivo da editora

Ferreira Gullar. **Um gato chamado Gatinho**.
Rio de Janeiro: Salamandra, 2000. p. 9.

Texto 5

O macaco e o camelo

Numa reunião de bichos, um macaco se levantou e dançou.

Fez grande sucesso:

— Como é engraçado!

— Como dança bem!

E todos aplaudiram.

Um camelo, com inveja, quis ganhar os mesmos elogios.

Levantou-se e foi dançar.

Não tinha o menor jeito. Embrulhou as quatro patas de tal maneira que os bichos morreram de rir:

— Mas que exibido!

— Por que ele nos ocupa com essas bobagens?

E como o camelo insistia, perderam a paciência e acabaram por expulsá-lo da reunião.

É perda de tempo invejar as qualidades dos outros. Cada um tem as suas.

Hans Gärtner. **12 fábulas de Esopo**. Tradução de Fernanda Lopes de Almeida. São Paulo: Ática, 2004.

Weberson Santiago/Arquivo da editora

Projeto Ápis

CADERNO DE ATIVIDADES

LÍNGUA PORTUGUESA

3º ANO

Ensino Fundamental

NOME: ______________________ TURMA: __________

ESCOLA: ______________________________________

editora ática

Sumário

Letra de canção

Os sentidos das palavras: sinônimos e antônimos

1 Leia o texto abaixo e, depois, responda ao que se pede.

Você sabia que...

O elefante africano é o maior animal terrestre, pois chega a medir até 4 metros de altura?

A formiga é o animal mais forte para o seu tamanho, pois pode carregar algo que pese até 5 vezes o seu próprio peso?

Steve Jenkins. **O maior, o mais forte, o mais rápido.** São Paulo: Brinque-Book, 1997. (Adaptado.)

a) Encontre no texto palavras **antônimas** das palavras abaixo.

Menos: ___________________ Fraco: ___________________

Menor: ___________________

b) Que palavra poderia ser **sinônimo** de "carregar"?

____

2 Leia esta fábula.

O corvo e o pavão

O pavão não perdia a **chance** de se gabar:

— Ninguém tem penas mais **belas** do que eu. A minha cauda é de dar inveja. Sou a ave mais **bonita**, a mais **perfeita**!

Ao ouvir todo esse blá-blá-blá do pavão para cima da andorinha, o corvo disse:

— Alto lá! Você pode ser bonito, mas... perfeito não é.

O pavão abriu as suas penas como um leque e, **enfurecido**, saltou na direção do corvo.

— E quem é você, seu pássaro **horroroso**, **aprendiz** de bruxa, símbolo de **mau agouro**, para ousar me **criticar**?

— Eu sou uma ave que **enxerga** muito bem!

— Pois não parece... Se enxergasse muito bem, veria que eu sou perfeito, **deslumbrante**, o máximo em penas!

— Uma boa parte de você até que pode ser, mas os seus pés são de causar **vergonha** para todas as aves do **planeta**!

— Hã...?

O pavão, que estava **acostumado** a andar com a cabeça empinada, reparou pela primeira vez em suas patas. O corvo tinha razão. Eram feias de dar dó. Cabisbaixo, ele encolheu a cauda e ficou deprimido por um longo tempo.

Moral: Não há beleza perfeita.

Jean de La Fontaine. **Fábulas de Esopo**. Adaptação de Lúcia Tulchinski. São Paulo: Scipione, 2004. p. 22.

a) Complete o quadro abaixo com as palavras destacadas no texto de acordo com os seus sinônimos.

oportunidade		sem defeitos	
irritado		bela	
muito feio		principiante	
lindas		azar	
fascinante		constrangimento	
julgar negativamente		vê	
habituado		mundo	

b) Escolha três palavras ou expressões do quadro e escreva seus **antônimos**.

Unidade 2

História em versos

Frase, expressividade e pontuação

1 Leia o poema. Em seguida, responda às questões.

O pássaro e a nuvem

— Olá, nuvem, bom dia!
— Olá, pássaro, tchau!
— Ei, espere, aonde vai?!
— Aonde me levar o vento.
— Mas é sempre assim?
— Sim, o vento manda em mim.
— Mas isso não é justo!
— Por mim, está tudo certo.
— Mas olhe aquele morro, lá perto!
— Sim, pássaro, não se assuste.
— Nele você vai bater!
— Então começarei a chover.
— E tudo florirá num segundo...
— Sim, carrego na barriga a melhor coisa do mundo.

Arquivo do jornal Folha de São Paulo/Folhapress

Gilles Eduar. O pássaro e a nuvem. Que papo é este?,
Folhinha, **Folha de S.Paulo**, 26 abr. 2014, p. 7.

a) O poema foi escrito no formato de um diálogo entre o pássaro e a nuvem. Identifique as falas de cada um e, em seguida, pinte de **azul** as falas da nuvem e de **verde** as falas do pássaro.

b) Que sinal de pontuação indica um diálogo no texto?

____

c) Quantas frases há no poema? **Dica:** Observe as letras maiúsculas no início das frases e os sinais de pontuação no fim de cada uma delas.

____

d) Nesse texto, além dos diversos sinais de pontuação que aparecem no final das frases, há outro que é empregado no meio delas. Qual é esse sinal?

____

e) Releia a seguinte fala do passarinho:

> — E tudo florirá num segundo...

Que sentido as reticências têm nessa frase do poema?

- [ ] Deixar alguma coisa no ar.
- [ ] Demonstrar admiração.
- [ ] Demonstrar dúvida.

f) A nuvem diz:

> — Sim, carrego na barriga a melhor coisa do mundo.

- O que ela carrega dentro da barriga?

____

- A palavra **barriga** está no sentido real ou no sentido figurado? Explique.

____

2 Leia a tirinha a seguir.

© Armandinho, de Alexandre Beck/Acervo do cartunista

Alexandre Beck. Folhinha, **Folha de S.Paulo**, 5 abr. 2014, p. 3.

a) Que sinais de pontuação são usados na tirinha?

____

b) Observe a fala da mãe de Armandinho no primeiro quadrinho.

- Que sinais de pontuação aparecem no final da frase?

____

- Por que eles foram utilizados juntos?

____

c) Quais são os possíveis sentidos que as reticências têm na fala de Armandinho no segundo quadrinho? Assinale.

- [ ] Deixar alguma coisa no ar.
- [ ] Demonstrar dúvida.
- [ ] Deixar o ouvinte completar algum sentido.

d) Reescreva abaixo o diálogo entre Armandinho e a mãe dele.
Dica: Não se esqueça de aplicar parágrafos e travessões.

Separação de sílabas

1 Um aluno copiou em seu caderno um trecho do texto "O sapo com medo d'água", mas separou algumas sílabas de modo inadequado. Veja.

Foram, pegaram o sapo por
uma perna e, t'xim bum, rebol-
aram lá no meio. O sapo merg-
ulhou, veio em cima d'água, grita-
ndo satisfeito:
— Eu sou bicho d'água! Eu sou
bicho d'água!
Por isso quando vemos alg-
uém recusar o que mais gosta,
dizemos:
— É sapo com medo d'água...

Luís da Câmara Cascudo. **Contos de animais**.
São Paulo: Global, 2013. p. 18.

a) Encontre as palavras separadas incorretamente e pinte-as.

b) Agora, ajude esse aluno dando-lhe sugestões de separação silábica das palavras pintadas.

- rebolaram: ________ ________ ________
- mergulhou: ________ ________
- gritando: ________ ________
- alguém: ________

2 Separe as sílabas:

a) da palavra a seguir, que apresenta os encontros **RR** e **SS**:

carrossel [ ] [ ] [ ]

b) das palavras a seguir, grafadas com **RR**:

guitarra [ ] [ ] [ ]

marreta [ ] [ ] [ ]

carruagem [ ] [ ] [ ] [ ]

churrasqueira [ ] [ ] [ ] [ ]

ferradura [ ] [ ] [ ] [ ]

escorregador [ ] [ ] [ ] [ ] [ ]

c) das palavras a seguir, grafadas com **SS**:

osso [ ] [ ]

bússola [ ] [ ] [ ]

vassoura [ ] [ ] [ ]

passaporte [ ] [ ] [ ] [ ]

travesseiro [ ] [ ] [ ] [ ]

Unidade 3

Fábula

Frase: ordem das palavras

1 Releia as frases da fábula "O feixe de varas", agora escritas fora de ordem.

> Pediu foi feito assim: "quebrá tentem la - " , o nó desatem, e continuou;
> Agora pegasse vara um que uma cada pai o disse;
>
> Esopo. **200 Fábulas de Esopo**. Barueri: Girassol, 2014. p. 432-433.

a) O que acontece com o sentido da frase quando ela está desorganizada?

____

____

____

b) Agora, tente reorganizar as frases sem olhar no texto original.

____

____

____

____

2 Vamos descobrir o que os personagens da tirinha abaixo estão falando? Observe bem as imagens.

Ziraldo. **Tirinha do dia**. *Site* do Menino Maluquinho. Disponível em: <http://meninomaluquinho.educacional.com.br/PaginaTirinha/PaginaAnterior.asp?da=16052014>. Acesso em: 6 mar. 2020.

Quais frases são as mais adequadas para completar os balões de cada quadrinho? Leia-as com atenção e assinale. **Dica:** Preste atenção na pontuação e, se necessário, observe novamente as imagens.

a) Primeiro quadrinho

- [ ] Oba! Cheguei em boa hora!
- [ ] Oba... Cheguei em boa hora?
- [ ] Oba? Cheguei em boa hora:

b) Segundo quadrinho

- [ ] Ei: Que negócio é esse. Devolve meu lanche.
- [ ] Ei? Que negócio é esse. Devolve meu lanche?
- [ ] Ei! Que negócio é esse? Devolve meu lanche!

c) Terceiro quadrinho

- [ ] Ué. Você já comeu o bastante pro seu tamanho?
- [ ] Ué! Você já comeu o bastante pro seu tamanho!
- [ ] Ué: Você já comeu o bastante pro seu tamanho...

3 Que resposta você imagina que o amigo do Menino Maluquinho daria a ele? Desenhe o quarto quadrinho da história e escreva a resposta do menino.

4 Observe a imagem e tente adivinhar o que está faltando nela.

© Adão Iturrusgarai/ Acervo do cartunista

Adão. Folhinha, **Folha de S.Paulo**, 7 jun. 2014, p. 8.

A fala do personagem do meio, que está se comunicando com alguém pelo rádio de comunicação, foi suprimida da imagem e escrita abaixo sem pontuação. Reescreva as frases colocando os sinais de pontuação necessários para dar sentido a elas e descubra o que a imagem pretende comunicar.

Alô base acabamos de encontrar um forte indício da existência do Pé-grande

5 Leia a tirinha a seguir.

© Mauricio de Sousa/ Mauricio de Sousa Editora Ltda.

Mauricio de Sousa. Turma da Mônica. **O Estado de S. Paulo**, Caderno 2, 15 jun. 2014, p. C10.

a) Que sinais de pontuação são usados na fala de Muminho?

b) Que sentido tem o ponto de interrogação utilizado no balão de fala de Alminha, ou seja, o que ele pode indicar?

c) Que frase poderia ser inserida no balão de Alminha?

Sons nasais: sílabas com -ão

Plural de palavras terminadas em -ão

Leia a cantiga popular a seguir. Observe que estão faltando algumas palavras.

Terezinha de Jesus

Terezinha de Jesus de uma queda
Foi-se ao ____________
Acudiram três cavalheiros
Todos de chapéu na ____________.

O primeiro foi seu pai
O segundo, o seu ____________
O terceiro foi aquele
A quem Tereza deu a ____________.
Terezinha levantou-se
Levantou-se lá do ____________
E sorrindo disse ao noivo
Eu te dou meu ____________.

Da laranja eu quero um gomo
Do ____________ quero um pedaço
Da menina mais bonita
Quero um beijo e um abraço.

Domínio público.

a) Complete a cantiga com as palavras do quadro.

coração	limão	mão	irmão	chão

b) Qual é o plural das palavras acima? Complete o quadro, observando a terminação de cada palavra e inserindo-a na linha adequada.

ãos	____________	____________	____________
ões	____________	____________	

Outras letras para os sons nasais

Letra M antes de P e de B

Nas palavras a seguir está faltando o M ou o N.

pesameto sepre pote gete nuca
copra lâpada descaso fudo
epada eviar tabé ciêcias saba
tepo egano ubigo babu

Reescreva as palavras no quadro abaixo e posicione-as adequadamente na coluna da letra escolhida.

M	N

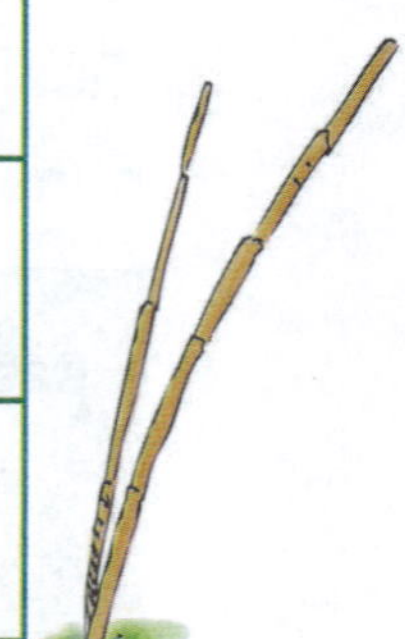

Ilustrações: Vicente Mendonça/Arquivo da editora

Unidade 4

História em quadrinhos

Onomatopeias: palavras que imitam sons

1 Leia a tirinha.

© Ziraldo Alves Pinto/Acervo do cartunista

Ziraldo. **Tirinha do dia**. *Site* do Menino Maluquinho. Disponível em: <http://meninomaluquinho.educacional.com.br/PaginaTirinha/PaginaAnterior.asp?da=17122013>. Acesso em: 9 mar. 2020.

a) O que aconteceu com Junim nessa história?

b) O que indica a palavra ***splash*** no segundo quadrinho?

c) Complete o quadro abaixo com os sinais de pontuação empregados na tirinha, de acordo com sua função.

Expressar surpresa, preocupação, etc.	
Separar partes de uma frase.	
Fazer uma pausa, demonstrar hesitação ou deixar uma ideia para ser completada.	

d) O que significa a expressão "vai ter"?

2 Identifique nas tirinhas abaixo quais são as palavras que imitam sons.

a)

Mauricio de Sousa. Turma da Mônica. **O Estado de S. Paulo**, Caderno 2, 25 dez. 2013, p. C4.

____

____

b)

Bill Watterson. O melhor de Calvin. **O Estado de S. Paulo**, Caderno 2, 18 dez. 2013, p. C4.

____

____

Língua falada e língua escrita

Junção, redução de palavras, hesitações e pausas na fala

1 Leia a tirinha a seguir.

Ziraldo. **Tirinha do dia**. *Site* do Menino Maluquinho. Disponível em: <http://meninomaluquinho.educacional.com.br/PaginaTirinha/PaginaAnterior.asp?da=29112013>. Acesso em: 9 mar. 2020.

a) Na fala da mãe de Maluquinho, que palavra é o resultado da junção de duas palavras por meio do apóstrofo (´)?

____

b) Quais foram as palavras juntadas nessa expressão?

____

c) Qual é a palavra reduzida que aparece na fala da mãe de Maluquinho?

____

d) Como a palavra reduzida ficaria na linguagem mais formal?

____

e) "Matar dois coelhos com uma só cajadada" é uma expressão popular. O que você acha que ela significa?

____

f) Por que o Maluquinho usa essa expressão para explicar sua ação?

____

____

____

2 Você sabe o que significa a expressão popular "cair um pé-d'água"? Escreva abaixo o significado que você conhece.

____

____

3 Qual das expressões abaixo tem o mesmo sentido de "cair um pé-d'água"?

- [ ] Cair um toró.
- [ ] Dar de cara com a parede.
- [ ] Cair a ficha.

4 Na tirinha abaixo, Linus foi tomar vacina contra o sarampo.

Charles M. Schulz. Minduim. **O Estado de S. Paulo**, Caderno 2, 31 jan. 2014, p. C6.

a) Quem está falando nos balões? Como você descobriu?

____

____

____

b) Com quem o personagem está falando?

____

____

c) Que palavra é usada com o mesmo sentido de "onde está"?

____

d) Identifique na tirinha uma palavra que imita um som. Qual é esse som e o que ele representa?

____

____

e) De acordo com o texto, o menino tem ou não tem medo de tomar vacina? Por quê?

____

____

____

C ou Ç?

1 No trava-língua a seguir, foram esquecidas as letras C e Ç.

> O palhao foi ao paláio fazer palhaada para o rei, que do paláio expulsou o engraado palhao.
>
> Disponível em: <http://brinquedoteca.ded.ufla.br/recursos-para-pais-e-profissionais/trava-linguas/>. Acesso em: 9 mar. 2020.

a) Circule as palavras em que faltam letras.

b) Reescreva o trava-língua, inserindo C ou Ç nas palavras que você circulou.

____

____

2 Com as sílabas abaixo, forme palavras que contenham C ou Ç.

CE	CI	CI	PO	TE	MA	ÇA
CA	LOU	CO	PES	SER	CIA	NE
SE	CAL	DO	VI	DO	ÇU	GO
PA	ÇO	BEI	CE	ÇO	ÇA	DE
ÇÃO	LE	DA	LÍ	DO	TE	CI

Agora, escreva-as no quadro abaixo, nas colunas adequadas.

C	Ç

Unidade 5

Carta pessoal

Variedades linguísticas: diferentes usos de linguagem

1 A seguir, leia duas mensagens de texto.

> Caro cliente, seu pedido GFX2889013 foi realizado com sucesso. Aguarde confirmação de pagamento.
> Obrigado.
> Equipe de Atendimento, Verônica Flores.
> 16:20

> Hj vc vem pra cá e traz refri...
> Estamos te esperando pro jogo...
> 17:10

a) Em qual das mensagens há uma linguagem mais formal, mais cerimoniosa?

____

b) Quais palavras e/ou expressões indicam formalidade nessa mensagem?

____

c) Em qual das mensagens parece haver mais familiaridade entre remetente e destinatário? Por quê?

____

____

____

d) Na mensagem mais informal há palavras típicas do uso espontâneo, do dia a dia. Identifique-as e reescreva-as de acordo com a língua escrita formal.

____

e) Na mensagem mais formal há uso desse tipo de palavra? Por quê?

____

____

2 Leia os quadrinhos.

Mauricio de Sousa. Turma da Mônica. **Almanaque historinhas de uma página**. n. 8, fevereiro de 2013, p. 19.

a) Quais das opções abaixo contêm o tipo de linguagem que predomina nas falas de Cascão e dos amigos?

- [ ] Linguagem mais informal.
- [ ] Linguagem mais formal.
- [ ] Linguagem mais impessoal, menos espontânea.
- [ ] Linguagem mais pessoal e espontânea.

b) Copie três expressões que confirmam sua resposta.

____

____

____

3 Se Cascão não fosse um amigo próximo dos personagens dessa história, como ele poderia se comunicar com mais formalidade?

Sugira uma frase para cada alternativa.

a) Cebolinha, amigão: ______________________________

____

____

b) E aí, Xaveco velhão: ______________________________

____

____

c) O Cascão é mesmo um ***cala*** legal, né: ______________________________

____

____

Substantivos

1 Vamos completar estas adivinhas? Pense em um substantivo que serve de resposta para cada uma delas e escreva-o no espaço indicado.

Ando sempre molhado.
Fora da água ninguém me deixe.
Faço bolhas ao respirar.

Crianças, eu sou o ____________________.

Gosto de queijo e petiscos.
Meu inimigo é o gato.
Ando sempre em correria.

Adivinhe, eu sou o ____________________.

Acordo sempre primeiro.
Sou o chefe do galinheiro.
Ninguém dorme quando eu falo.

Tenho crista, eu sou o ____________________.

Textos escritos pelas autoras.

2 Complete as frases abaixo com nomes de profissões.

a) Quem cozinha é: ______________________________.

b) Quem dirige é: ______________________________.

c) Quem canta é: ______________________________.

d) Quem costura é: ______________________________.

e) Quem constrói é: ______________________________.

f) Quem desenha é: ______________________________.

g) Quem dança é: ______________________________.

Substantivo próprio e substantivo comum

Releia parte da "Carta de Ronroroso".

Treze Chaminés
Campo das Urtigas
Dia 15, névoa-feira

Caro tio McAbro,

Você sempre me disse que, se eu estivesse encrencado, deveria te procurar. Pois é, estou com um problemaço. AJUDE-ME!

Minha bruxa não quer ser bruxa. Ela se recusa a gargalhar como bruxa. Não quer montar em vassouras. Não usa pernas de sapo, olhos de salamandra, asas de morcego em nossas poções. E não quer saber de assustar as crianças. Só pensa em fazer compras, assistir à TV e fazer amizades com não bruxos.

O que devo fazer?

Seu sobrinho,

Ronroroso Seramago de Bragança B.

P.S.: O nome dela é Hilda Bruxilda (apelido HB).

Hiawyn Oram. **As cartas de Ronroroso:** minha bruxa que não quer ser bruxa. Tradução de Áurea Akemi Arata. São Paulo: Moderna, 2008.

a) Nessa carta, quais são as expressões usadas como substantivos próprios por nomearem lugares? Escreva-as abaixo.

b) Por que a expressão "AJUDE-ME!" foi destacada com letras maiúsculas?

c) Encontre mais dois substantivos próprios no texto e circule-os.

Uso de letras maiúsculas

1 Leia o trava-língua.

> A Ciça foi até a praça comprar linguiça pro almoço. Na pressa tropeçou no cadarço, caiu na poça, ralou o braço e chorou à beça.
>
> Eva Furnari. **Travadinhas**. São Paulo: Moderna, 1994. p. 19.

a) Por que a palavra **Ciça** está escrita com inicial maiúscula?

b) Por qual razão as palavras **A** e **Na** estão escritas com iniciais maiúsculas?

2 Leia o texto a seguir.

> A palhaça Sabiá parecia gostar de fazer tudo ao contrário! Diziam que ela adorava criar explicações complicadas para coisas simples e explicações simples para coisas complicadas. Se lhe perguntassem sobre a sensação de estar no palco, ela falaria de uma tal corrente de ar, que esfria a barriga e aquece o coração. [...]
>
> Ciência no circo. **Ciência Hoje das Crianças**. Disponível em: <http://chc.org.br/artigo/ciencia-no-circo/>. Acesso em: 9 mar. 2020.

a) Qual é o substantivo próprio nesse texto? Como você o identificou?

b) Que outras palavras foram escritas com letra inicial maiúscula? Por quê?

Letra S no meio das palavras

1 Descubra as palavras colocando a letra S onde estiver faltando. Depois, escreva essas palavras nas colunas do quadro de acordo com a semelhança de som.

menagem	caamento	preunto	conelho
meada	inenível	enação	mentiroo

S com o mesmo som da palavra mesa	S com o mesmo som da palavra ensino

2 Complete as palavras a seguir com S, C ou Ç e tente formar uma frase com elas.

a) ca◆ador   disfar◆ado

b) in◆eto   per◆iana

c) al◆a   bol◆a   la◆o

d) mo◆a   la◆arote   pesco◆o

Conto maravilhoso

Adjetivos

1 Releia a primeira parte da história em quadrinhos que você estudou na Unidade 4 do livro.

Mauricio de Sousa. **Piteco & Horácio**. n. 9. São Paulo: Panini Comics, mar. 2013, p. 26.

a) Quais adjetivos Horácio utiliza para indicar características da alface que está comendo? Complete a frase a seguir com essas palavras.

A alface é ______________________________ e ______________________________.

b) Horácio diz: "Delícia de alface!". Que adjetivo poderia complementar a frase a seguir, mantendo o mesmo sentido?

A alface é ______________________________.

2 Leia as frases abaixo.

O sapo é esperto.	Aí o sapo ficou triste.

Que adjetivos estão caracterizando o sapo nessas frases?

____

3 Complete as frases abaixo com os adjetivos correspondentes.

a) Quem tem medo é ________________.

b) Quem tem elegância é ________________.

c) Quem tem sinceridade é ________________.

d) Quem tem felicidade é ________________.

4 Leia a tirinha.

© Ziraldo Alves Pinto/Acervo do cartunista

Ziraldo. **As melhores tiradas do Menino Maluquinho**. São Paulo: Melhoramentos, 2000. p. 37.

a) Como o vovô de Maluquinho caracteriza o Natal de antigamente?

____

b) Que palavra Maluquinho usa para caracterizar o Papai Noel?

____

c) A palavra empregada por Maluquinho para caracterizar o Papai Noel é mais formal ou informal? O que ela significa?

____

Letra R em final de sílaba

1 Leia um trecho da fábula "O rato do campo e o rato da cidade".

Complete o texto com as palavras do quadro abaixo, prestando atenção no sentido.

porta	passar	comer	formiga
verdade	começar	mostrar	pegar

O rato do campo e o rato da cidade

Eram dois ratos muito amigos. Um vivia no campo, solto e livre. O outro vivia numa casa na cidade.

Um dia, o rato do campo convidou seu amigo da cidade para ________________ uns tempos com ele. Lá eles comiam cevada e trigo. O rato da cidade disse então:

— Você leva uma vida de ______________. Eu é que como de ____________. Venha comigo e vou lhe ________________ o que é uma boa vida.

[...]

Iam ________________ a ________________ e levaram um susto: um grande homem abre a ________________ para ________________comida.

Versão da fábula original de Esopo feita pelas autoras.

2 Escreva no quadro a seguir as palavras que você empregou no texto, separando-as na coluna adequada.

Não verbos	Verbos
________________	________________
________________	________________
________________	________________
________________	________________
________________	________________

Unidade 7

Conto popular

Língua falada e língua escrita

1 Leia a tirinha abaixo.

Ziraldo. **Tirinha do dia**. *Site* do Menino Maluquinho. Disponível em: <http://meninomaluquinho.educacional.com.br/PaginaTirinha/PaginaAnterior.asp?da=19062014>. Acesso em: 9 mar. 2020.

Na tirinha, quais palavras são resultado da junção de outras palavras?

2 Leia outra tirinha.

Mauricio de Sousa. Turma da Mônica. **O Estado de S. Paulo**, Caderno 2, 23 dez. 2013, p. C4.

a) Que palavra foi reduzida na fala de Chico Bento? A que palavra ela corresponde?

b) Que palavra sofreu junção na fala do personagem? Ela representa a junção de quais palavras?

c) O que aconteceu no segundo quadrinho? Explique nas linhas abaixo.

3 Observe a atitude de Eulália na tirinha a seguir.

Laerte. Acervo do cartunista.

a) Ao dizer "Eulália, a campainha", o que o homem quer que a mulher faça?

b) Observe a imagem do último quadrinho: O que Eulália faz?

c) Que palavra representa o som da campainha?

d) Nessa tirinha há uma palavra reduzida. Qual é essa palavra?

e) A que palavra ou expressão pode corresponder essa palavra reduzida?

4 Leia a tirinha.

Calvin & Hobbes, Bill Watterson © 1987 Watterson/ Dist. by Andrews McMeel Syndication

Bill Watterson. O melhor de Calvin. **O Estado de S. Paulo**, Caderno 2, 15 dez. 2013, p. C4.

a) Por que Calvin está preocupado com seu penteado?

b) O tigre Haroldo diz ao menino que ele está parecido com um personagem. Qual é o nome desse personagem?

Summit Entertainment/Courtesy EverettCollection/Fotoarena

- Você conhecia esse personagem? Veja-o acima.

c) Que gíria é usada por Calvin no segundo quadrinho?

- Essa expressão é usada em linguagem formal ou informal?

d) Reescreva a frase substituindo essa expressão por outras que você conhece.

e) Considerando que Calvin conhece o Astro Boy, você acha que Haroldo estava sendo sincero com o amigo ou estava caçoando dele?

Verbo: um jeito de marcar o tempo

1 Leia a história em quadrinhos.

© Eva Furnari/Acervo da artista

Eva Furnari. **A bruxinha atrapalhada**.
Ilustrações da autora. 24. ed. São Paulo: Global, 2003.

a) Você gostou da história?

____

b) Leia os verbos que estão no quadro e use-os para completar as frases abaixo, fazendo adaptações de acordo com a sequência da história.

acariciar	avistar	transformar
observar	assustar-se	fugir

A bruxinha ______________________ o gato.

Ela ______________________ um passarinhão.

Ela ______________________ o bicho em uma tesoura de pernas.

A bruxinha ______________________ o novo ser criado.

Ela se ______________________.

A bruxinha ______________________ da tesoura, que queria cortá-la.

2 Leia a tirinha.

Ziraldo. **As melhores tiradas do Menino Maluquinho**. São Paulo: Melhoramentos, 2000. p. 76.

a) Copie a seguir os verbos que estão nas falas dos personagens.

____

____

b) Em que tempo estão esses verbos: no presente, no passado ou no futuro?

____

3 Releia o trecho do texto "O sapo com medo d'água".

O sapo com medo d'água

O sapo é esperto. Uma vez o homem agarrou o sapo e levou-o para os filhos brincarem.

[...] Aí o sapo ficou triste e começou a pedir, com voz de choro:

— Me bote no fogo! Me bote no fogo! N'água eu me afogo! N'água eu me afogo!

— Vamos para a lagoa — gritaram os meninos. [...]

Luís da Câmara Cascudo. **Contos de animais**. São Paulo: Global, 2013. p. 18.

a) O narrador utilizou os verbos principalmente no:

☐ presente. ☐ passado. ☐ futuro.

Localize alguns exemplos e escreva-os abaixo.

____

b) Reescreva estas frases no futuro.

— N'água eu me afogo!

____

____

O homem agarrou o sapo e levou-o para os filhos brincarem.

____

____

As terminações **-am** e **-ão** nos verbos

Observe a tirinha.

Bill Watterson. O melhor de Calvin. **O Estado de S. Paulo**, Caderno 2, jan. 2014, p. C4.

Releia esta fala do menino:

Vamos **pescar**?

a) Agora, complete o quadro de acordo com os tempos verbais indicados.

	Presente	Passado	Futuro
pescar	Eles ______________.	Eles ______________.	Eles ______________.

b) Agora faça o mesmo com os verbos deste quadro.

	Presente	Passado	Futuro
jogar	Eles jogam.	Eles jogaram.	Eles jogarão.
pegar	Eles ______.	Eles ______.	Eles ______.
nadar	Eles ______.	Eles ______.	Eles ______.
andar	Eles ______.	Eles ______.	Eles ______.
parar	Eles ______.	Eles ______.	Eles ______.
correr	Eles ______.	Eles ______.	Eles ______.
beber	Eles ______.	Eles ______.	Eles ______.
comer	Eles ______.	Eles ______.	Eles ______.
vencer	Eles ______.	Eles ______.	Eles ______.
fugir	Eles ______.	Eles ______.	Eles ______.
partir	Eles ______.	Eles ______.	Eles ______.
ouvir	Eles ______.	Eles ______.	Eles ______.
dormir	Eles ______.	Eles ______.	Eles ______.
cair	Eles ______.	Eles ______.	Eles ______.

Unidade

8 Relato pessoal

As pessoas do verbo e a concordância verbal

Pronomes pessoais

1 Releia a tirinha.

Ziraldo. **As melhores tiradas do Menino Maluquinho**. São Paulo: Melhoramentos, 2000. p. 76.

Observe a frase:

Ela acaba!

a) Qual palavra dessa frase mostra sobre quem ou o que o menino está falando?

______

b) Essa palavra substitui qual expressão do balão anterior?

______

A palavra **ela** é o pronome que substituiu a expressão que já estava presente na fala anterior.

Os pronomes também indicam a pessoa a que o verbo se refere.

2 Reescreva as seguintes falas dos personagens, completando com a palavra que indica a pessoa a que o verbo se refere.

a) Não entendo esse negócio de dinheiro!

______

b) Sei!

______

3 Reescreva a frase a seguir fazendo as alterações necessárias de acordo com a pessoa indicada em cada item.

Não entendo esse negócio de dinheiro!

a) Você ______

b) Ele ______

c) Vocês ______

d) Eles ______

e) Nós ______

4 Leia a fábula abaixo.

O corvo e a raposa

Um corvo faminto **furtou** um belo queijo e, com ele no bico, voou para o alto duma árvore.

A raposa o viu e gritou para o alto:

— Bom dia, belo corvo! Que lindas são suas penas, que belo o seu **porte**, que elegante a sua cabeça! Sou capaz de jurar que um animal bonito assim há de ter também uma bonita voz! Cante, que eu quero ouvi-lo!

O corvo, **envaidecido**, abriu o bico para cantar. E o queijo caiu na boca da raposa.

Moral: "Os elogios exagerados são sempre **suspeitos**."

Esopo. **Fábulas de Esopo**. Adaptação de Guilherme Figueiredo. Rio de Janeiro: Ediouro, 1997. p. 69.

furtou: roubou.
porte: postura, posição do corpo.
envaidecido: convencido, orgulhoso.
suspeitos: não confiáveis, duvidosos.

a) Pinte na fábula "O corvo e a raposa" a moral da história.

b) Como você reescreveria essa moral com suas palavras?

______

c) Por que a raposa fez tantos elogios?

______

______

d) Observe os elementos destacados nas frases abaixo e responda ao que se pede.

A raposa [...] gritou para o alto.
[...] **o queijo** caiu na boca da raposa.

- Que pronomes poderiam substituir as expressões em destaque?

____

- E se fosse mais de uma raposa e mais de um queijo? Reescreva as frases substituindo os termos em destaque pelos pronomes adequados no plural.

____

____

5 Leia a tirinha abaixo.

© Ziraldo Alves Pinto/Acervo do cartunista

Ziraldo. **As melhores tiradas do Menino Maluquinho**.
São Paulo: Melhoramentos, 2000. p. 79.

a) Imagine que Maluquinho estivesse reclamando com dois amigos ao mesmo tempo. Como ficaria a fala do personagem no primeiro quadrinho?

____

____

b) Observe o último quadrinho. Que palavra usada por Maluquinho é típica da linguagem informal, do dia a dia?

____

c) Que sentido essa palavra tem no diálogo entre os amigos?

☐ Reprovação; insatisfação. ☐ Aprovação; satisfação.

Palavras com -ans, -ens, -ins, -ons, -uns

1 Complete a cruzadinha.

Horizontais

1. Ato ou resultado de construir.
2. Ato ou efeito de transportar.
3. Plural de bombom.
4. Plural de mensagem.
6. Plural de amendoim.
8. Ser imaginário, ameaçador, assustador.

Verticais

5. Plural de álbum.
7. Ato, processo ou efeito de transmitir.
9. Calçado para patinar – no plural.
10. Plural de personagem.
11. Grupo de estrelas próximas umas das outras.

Ilustrações: Silvana Rando/Arquivo da editora

2 Em quais palavras **-ans**, **-ens**, **-ins**, **-ons** ou **-uns** aparecem para indicar plural?

____

____

Unidade 9

Cartaz publicitário

Uso de verbos no imperativo

1 Leia os ditados populares abaixo.

(1) Faça o que eu digo, não faça o que eu faço.

(2) Não deixe para amanhã o que pode fazer hoje.

(3) Não cante vitória antes do tempo.

(4) Não dê um passo maior do que a perna.

(5) Não diga dessa água não beberei.

a) Quais formas verbais acima indicam imperativo?

____

____

b) Por que esses ditados fazem uso de verbos no imperativo?

____

____

c) Coloque nas frases a seguir o número correspondente aos ditados populares que você leu, de acordo com o sentido.

☐ Nunca dizer "nunca".

☐ Manter as tarefas em dia.

☐ Não tentar realizar algo sem ter condições para isso.

☐ Falar uma coisa e fazer outra.

☐ Não comemorar uma conquista antes da hora.

2 Releia a "Carta de Ronroroso", estudada na Unidade 5.

Treze Chaminés
Campo das Urtigas
Dia 15, névoa-feira

Caro tio McAbro,

Você sempre me disse que, se eu estivesse encrencado, deveria te procurar. Pois é, estou com um problemaço. AJUDE-ME!

Minha bruxa não quer ser bruxa. Ela se recusa a gargalhar como bruxa. Não quer montar em vassouras. Não usa pernas de sapo, olhos de salamandra, asas de morcego em nossas poções. E não quer saber de assustar as crianças. Só pensa em fazer compras, assistir à TV e fazer amizades com não bruxos.

O que devo fazer?

Seu sobrinho,

Ronroroso Seramago de Bragança B.

P.S.: O nome dela é Hilda Bruxilda (apelido HB).

Hiawyn Oram. **As cartas de Ronroroso:** minha bruxa que não quer ser bruxa. Trad. Áurea Akemi Arata. São Paulo: Moderna, 2008.

a) Localize no texto um verbo no imperativo e copie-o. Ele indica ordem ou pedido?

____

b) Para descrever seu problema, Ronroroso faz uma lista de ações que a sua bruxa não quer realizar. Observe as frases.

(1) Minha bruxa não quer **ser** bruxa.

(2) Ela se recusa a **gargalhar** como bruxa.

(3) Não quer **montar** em vassouras.

(4) Não **usa** pernas de sapo [...] em nossas poções.

(5) [...] não quer saber de **assustar** as crianças.

Agora, escreva frases como se Ronroroso desse ordens para sua bruxa, usando os verbos em destaque. Observe o exemplo.

(1) Seja uma bruxa!

(2) ______________________________

(3) ______________________________

(4) ______________________________

(5) ______________________________

Sons do X

1 Falta uma letra nas palavras dos quadros. Complete-as com X ou S.

e _____ plodir	e _____ piga	te _____ to
e _____ trela	e _____ plicação	e _____ periência
pe _____ car	e _____ vaziar	

2 Localize e circule palavras com a letra X .

Q	R	T	R	O	U	X	E
M	Á	X	I	M	O	O	T
T	P	R	Ó	X	I	M	O
V	B	A	U	I	I	W	Y
L	P	O	G	L	P	M	B
A	U	X	Í	L	I	O	O
T	Z	F	Q	A	U	Ó	É
H	I	U	Y	R	A	K	Ç

Agora, escreva o que essas palavras têm em comum quanto ao som.

____

____

3 Vamos continuar procurando palavras com **X**? No quadro a seguir há palavras com essa letra dispostas na **horizontal** (→), na **diagonal** (↗) e na **vertical** (↓). Encontre-as.

W	A	M	H	E	E	E	D	A	Z	U	O
Ç	O	L	A	E	X	A	M	I	N	A	R
R	Y	A	H	O	É	A	N	J	E	I	H
Q	E	T	T	A	R	Y	G	G	H	U	M
R	F	I	V	É	C	I	K	E	G	Ó	N
D	X	T	E	H	I	C	H	A	R	Á	O
Ê	F	G	Ç	T	T	G	N	M	M	O	I
Â	M	C	O	R	O	R	T	Ó	T	Y	U

O que essas palavras têm em comum quanto ao som indicado por x?

____

4 No quadro a seguir você só vai encontrar palavras com X na **vertical** (↓). Localize-as e circule-as.

Ç	Z	R	T	A	B	C	M	I	U	W	F
R	E	E	T	U	Ç	S	K	U	Â	I	I
O	B	F	Y	J	J	U	T	Q	N	R	X
B	M	L	U	A	Í	D	Ó	Ê	O	G	O
O	R	E	B	U	T	I	X	A	R	D	U
L	R	X	H	E	Á	I	I	Ç	O	G	I
U	Á	O	T	Ó	X	I	C	O	O	A	Y
F	Y	T	Ú	O	I	O	O	O	J	U	T

O que essas palavras têm em comum quanto ao som representado por x?

____

Unidade 10

Notícia

Variedades linguísticas: linguagem formal e linguagem informal

1 Leia a tirinha abaixo.

Charles M. Schulz. Minduim. **O Estado de S. Paulo**, Caderno 2, 21 dez. 2013, p. C6.

a) Compare a frase **A**, dita por Charlie Brown no terceiro quadrinho, com a frase **B**.

(A) Tenta mandar ela de volta o mais rápido que você puder.

(B) Tente devolvê-la o mais rápido que puder.

Quais afirmações abaixo são corretas? Marque um **X**.

- [ ] A fala de Charlie Brown é mais espontânea, do dia a dia.
- [ ] A fala de Charlie Brown é errada.
- [ ] A frase **B** é menos espontânea, mais formal.
- [ ] A frase **B** é mais usada na linguagem falada mais informal.
- [ ] As frases **A** e **B** são consideradas informais.

b) Como ficará a frase a seguir se ela for escrita em um texto mais formal?

Ela tá aqui em algum lugar.

2 Leia um trecho do relato pessoal de Edgar, um menino das Filipinas.

> Quando crescer, quero ser carpinteiro. Vou construir um barco bem grande para levar as pessoas até Guimaras, a ilha onde a gente morava.
>
> Uma vez, depois de uma tromba-d'água, a gente precisou reconstruir a casa.
>
> Anabel Kindersley; Barnabas Kindersley. **Crianças como você.** São Paulo: Ática, 2007. p. 70-71. (Adaptado.)

a) O relato pessoal é um texto escrito, mas pode apresentar características da linguagem informal, mais espontânea, mais pessoal.

Circule nas frases abaixo uma expressão informal.

> [...] a gente morava.
> [...] a gente precisou reconstruir a casa.

b) Como essas frases ficariam na linguagem formal? Reescreva-as, substituindo a expressão que você circulou por outra equivalente.

____

____

3 Leia o título e o subtítulo de uma reportagem.

> **Quando Nova Iorque dá praia**
>
> Compras? Museus? Sim, mas, no verão, que acaba de começar por lá, o turista também pode cair no mar.
>
> **Folha de S.Paulo**, Turismo, 26 jun. 2014, p. F1. (Adaptado.)

a) O título e o subtítulo estão escritos de modo mais formal ou informal? Por quê?

____

b) Na linguagem do dia a dia, o que significam as expressões "dar praia" e "cair no mar"?

____

____

Um só som, várias letras: S, SS, Ç, C, SC

1 No texto abaixo, algumas palavras estão incompletas. Complete-as.

O macaco e o camelo

Os bichos estavam reunidos em uma festa.

Um macaco resolveu dan_______r e fez muito suce_______.
Todos diziam:

— Ele é engra_______do e dan_______ muito bem!

Um camelo, com inveja e querendo elogios, foi dan_______r também.

Mas embara_______ as patas e caiu sem jeito.

Os bichos di_______ram:

— Deixe de lado e_______ bobagem.

Mas o camelo in_______tiu. Os bichos perderam a pa_______cia e expul_______ram o camelo.

Moral: É perda de tempo invejar as qualidades dos outros.

Versão das autoras para a fábula de Esopo.

2 Que palavras do texto apresentam som de /s/ representado por Ç? Copie-as abaixo.

____

3 Escolha no quadro abaixo as palavras que completam corretamente a afirmação.

- O Ç aparece sempre no _______________ da palavra e pode aparecer entre _______________.

vogais • fim • meio • começo • consoantes • letras maiúsculas

4 Preencha a cruzadinha com os verbos abaixo. Mas, antes disso, complete os verbos inserindo **S**, **SS**, **Ç**, **C** ou **SC**.

Horizontais

1. Eu a_____isto
2. Eu na_____o
3. Eu _____elebro
4. Eu en_____erro
5. Eu pre_____iso
6. Eu pa_____o

Verticais

7. Eu _____into
8. Eu _____aio
9. Eu de_____o
10. Eu _____en_____uro
11. Eu a_____o
12. Eu mere_____o

Ilustrações: Vicente Mendonça/Arquivo da editora

Unidade

11 Texto informativo e infográfico

Formação de palavras

1 Leia a tirinha a seguir.

Charles M. Schulz. **Snoopy e sua turma.** (1). Porto Alegre: L&PM, 2012. p. 17.

a) Qual foi a diversão que o personagem Spyke criou?

___

b) O que ele usou para representar um garçom?

___

c) Por que o personagem tem de criar as suas próprias diversões?

___

2 Na situação em que vive, é possível que Spyke tenha de criar suas próprias diversões muitas outras vezes.

Qual das palavras abaixo completa a frase e expressa a ideia de repetir muitas vezes o mesmo ato?

Quando você vive sozinho no deserto, você tem que criar e ___ suas próprias diversões.

☐ refazer ☐ recriar

☐ desenrolar ☐ desfazer

3 As palavras da atividade anterior foram formadas com o acréscimo de um elemento no início de cada uma delas. Observe.

refazer	**re**criar	**des**enrolar	**des**fazer

Você notou que esses novos elementos modificaram o sentido das palavras? Escreva as palavras do quadro que dão ideia de:

a) repetição: ______________________

____

b) contrário: ______________________

____

4 **Agora você.** Forme novas palavras acrescentando às palavras primitivas elemento que expressa a ideia de sentido contrário.

montar ______________ conhecer ______________

enganchar ______________ abotoar ______________

aprender ______________ armar ______________

apertar ______________ amarrar ______________

marcar ______________ acreditar ______________

alinhar ______________ apegar ______________

5 Observe as expressões a seguir e forme novas palavras modificando o final de cada palavra primitiva.

aquele que caça: ______________________

aquele que narra: ______________________

aquele que educa: ______________________

aquele que ilustra: ______________________

aquele que pesquisa: ______________________

aquele que cuida: ______________________

6 Leia a tira a seguir e responda ao que se pede.

Bill Watterson. **Calvin e Haroldo**: o ataque dos perturbados monstros de neve mutantes e assassinos. Trad. Alexandre Boide. São Paulo: Conrad, 2010. p. 83.

a) De acordo com a tirinha, Calvin estava esperando pelo acontecimento de algo. Pelo que o personagem estava esperando?

____

b) E o que ele esperava realmente ocorreu? Por quê?

____

c) Segundo a imaginação de Calvin, ele construiu um forte bem seguro para se proteger. Copie da tirinha as duas palavras que expressam a ideia de segurança.

____

7 Observe a formação das seguintes palavras:

possível ⟶ **im**possível feliz ⟶ **in**feliz

Os elementos **IM-** e **IN-** antes das palavras dão ideia de oposição, sentido contrário.

Agora, forme novas palavras a partir das palavras abaixo, acrescentando a elas **im-** ou **in-**.

provável ______________ quieto ______________

compreensível ______________ curável ______________

As sílabas qua, que, qui

1 Leia a tirinha a seguir.

Charles M. Schulz. **Peanuts completo (1961 a 1962)**. Tradução de Alexandre Boide. Porto Alegre: L&PM, 2013. p. 254.

a) Observe as palavras **qualquer** e **quente**. Que sílaba de **qualquer** tem o mesmo som de **QU** em **quente**?

____

b) Que palavras têm o som da sílaba **qua**? Dê dois exemplos.

____

c) Que palavras têm o som da sílaba **que**? Dê dois exemplos.

____

2 Quantas palavras você consegue formar combinando **que** e **qui** com as sílabas dos quadros?

a) **qui** _______________

qui	es	na	pes	sa	pe
	ri	to	mos	má	

b) **que** _______________

que	es	cer	bra	do
	ri	tan	pe	no

3 O trava-língua abaixo apresenta uma brincadeira sonora com as palavras. Leia em voz alta.

> **Qui qui** Cacá **qué**?
> Cacá **qué** caqui.
> **Qui** caqui **qui** Cacá **qué**?
> Cacá **qué coqué** caqui.
>
> Domínio público.

a) Reescreva o trava-língua substituindo os termos destacados por palavras equivalentes, de acordo com a linguagem formal.

____

____

____

____

b) Após reescrever, copie as palavras com **qua**, **que** ou **qui**.

____

4 Complete os quadros abaixo conforme o exemplo.

buraco	buraquinho
barraco	
brinco	
maluco	
pouco	

barraco	barraqueiro
pipoca	
pesca	
banco	
churrasco	

O que aconteceu com a letra **C** na formação de outras palavras?

____

Unidade 12

Texto teatral

Escrever de um jeito e falar de outro

Letras O e E em sílaba átona no fim de palavra

1 Leia a cantiga popular a seguir.

Peixe vivo

Como pode o peixe vivo
viver fora da água fria?
Como pode o peixe vivo
viver fora da água fria?

Como poderei viver?
Como poderei viver?

Sem a tua, sem a tua,
sem a tua companhia?
Sem a tua, sem a tua,
sem a tua companhia?

Domínio público.

Ilustrações: Vicente Mendonça/Arquivo da editora

Agora, responda.

a) O que acontece com o peixe fora da água fria?

____

b) Leia as palavras do quadro a seguir e circule aquelas que, ao falar, podem ter o final pronunciado com som diferente da escrita.

fora	pode	água	como	peixe	tua	vivo	fria

2 Leia a tirinha.

© Ziraldo Alves Pinto/Acervo do cartunista

Ziraldo. **O menino maluquinho.** Disponível em: <http://omeninomaluquinho.com.br/paginatirinha/PaginaAnterior.asp?da=08022020>. Acesso em: 13 mar. 2020.

a) Por que o Menino Maluquinho diz ao colega que a conversa não é para ele?

b) Copie das falas da tirinha as palavras em que a letra **e** no final da palavra:

- pode ser pronunciada como **i**. ______
- é pronunciada como **e**. ______

3 Leia outra tirinha do Menino Maluquinho.

Ziraldo. **O menino maluquinho.** Disponível em: <http://omeninomaluquinho.com.br/paginatirinha/PaginaAnterior.asp?da=11032020>. Acesso em: 13 mar. 2020.

a) Quais são os personagens envolvidos na história?

b) Por que o Menino Maluquinho não demonstrou interesse em explorar e conhecer a casa do novo amigo Rodrigo?

c) Quais são as palavras da tirinha em que o **O** final pode ser pronunciado como **U**?

4 Escreva cinco palavras em que o **O** final é pronunciado como **O**.

Bibliografia

BAGNO, Marcos. ***Não é errado falar assim!* Em defesa do português brasileiro**. São Paulo: Parábola, 2009.

______. ***O preconceito linguístico***. 2. ed. São Paulo: Loyola, 1999.

BAKHTIN, Mikhail. ***Estética da criação verbal***. Tradução de Maria Ermantina G. Pereira. 2. ed. São Paulo: Martins Fontes, 1997.

BECHARA, Evanildo. ***Moderna gramática portuguesa***. 38. ed. rev. e ampl. Rio de Janeiro: Nova Fronteira, 2015.

BERTIN, Terezinha Costa Hashimoto. ***Linguagem e apropriação de conhecimentos*: reencontrar o sujeito na relação com o conhecer**. Dissertação (Mestrado) – USP, São Paulo, 2000.

BORBA, Francisco da Silva. ***Dicionário de usos do português do Brasil***. São Paulo: Ática, 2002.

BRANDÃO, Helena Nagamine (Coord.). ***Gêneros do discurso na escola*: mito, conto, cordel, discurso político, divulgação científica**. 3. ed. São Paulo: Cortez, 2002. v. 5. (Col. Aprender e ensinar com textos).

BRASIL. Ministério da Educação. Secretaria de Educação Básica. ***Base Nacional Comum Curricular***. Brasília, 2018. Disponível em: <http://basenacionalcomum.mec.gov.br/images/BNCC_EI_EF_110518_versaofinal_site.pdf>. Acesso em: 25 mar. 2020.

BRASIL. Ministério da Educação. Secretaria de Educação Fundamental. ***Ensino Fundamental de nove anos*: orientações para a inclusão da criança de seis anos de idade**. Brasília, 2006.

______. ***Parâmetros Curriculares Nacionais*: primeiro e segundo ciclos do Ensino Fundamental: Língua Portuguesa**. Brasília, 1997.

______. ***Parâmetros Curriculares Nacionais*: terceiro e quarto ciclos do Ensino Fundamental: Língua Portuguesa**. Brasília, 1998.

______. ***Pró-letramento*: programa de formação continuada de professores dos anos/séries iniciais do Ensino Fundamental. Alfabetização e Linguagem**. Brasília, 2007.

______. ***Referencial Curricular Nacional para a Educação Infantil***. Brasília, 1998. v. 1, 2 e 3.

CAGLIARI, L. C. ***Alfabetização & linguística***. São Paulo: Scipione, 1989.

______. ***Alfabetizando sem o BÁ-BÉ-BI-BÓ-BU***. São Paulo: Scipione, 1998.

COLL, César et al. ***Os conteúdos na reforma***. Porto Alegre: Artmed, 1998.

DIONÍSIO, Ângela P.; MACHADO, Anna R.; BEZERRA, Maria A. ***Gêneros textuais e ensino***. 4. ed. Rio de Janeiro: Lucerna, 2005.

FÁVERO, Leonor Lopes et al. ***Oralidade e escrita*: perspectivas para o ensino da língua materna**. 3. ed. São Paulo: Cortez, 2002.

FAZENDA, Ivani (Org.). ***Dicionário em construção***. São Paulo: Cortez, 2002.

FERREIRO, Emilia; TEBEROSKY, Ana. ***Psicogênese da língua escrita***. Tradução de Diana Lichtenstein et al. Porto Alegre: Artmed, 1988.

HOFFMANN, Jussara; JANSSEN, Felipe da Silva; ESTEBAN, Maria Teresa (Org.). ***Práticas avaliativas e aprendizagens significativas em diferentes áreas do currículo***. 6. ed. Porto Alegre: Mediação, 2008.

ILARI, Rodolfo. ***Introdução à semântica*: brincando com a gramática**. São Paulo: Contexto, 2001.

______. ***Introdução ao estudo do léxico*: brincando com as palavras**. São Paulo: Contexto, 2002.

JUBRAN, Clélia S. (Org.). ***A construção do texto falado***. São Paulo: Contexto, 2015.

KLEIMAN, Ângela. ***Oficina de leitura*: teoria e prática**. 6. ed. Campinas: Pontes, 1998.

______. (Org.). ***Os significados do letramento*: uma nova perspectiva sobre a prática social da escrita**. Campinas: Mercado de Letras, 1995.

______. ***Texto e leitor*: aspectos cognitivos da leitura**. 6. ed. Campinas: Pontes, 1999.

______; MORAES, Silvia E. **_Leitura e interdisciplinaridade_: tecendo redes nos projetos da escola**. Campinas: Mercado de Letras, 1999.

KOCH, Ingedore Villaça. **_A coesão textual_**. 2. ed. São Paulo: Contexto, 1990.

______. **_Desvendando os segredos do texto_**. São Paulo: Cortez, 2002.

______. **_Ler e escrever_: estratégias de produção textual**. São Paulo: Contexto, 2009.

______. **_O texto e a construção dos sentidos_**. São Paulo: Contexto, 1997.

______; ELIAS, Vanda Maria. **_Ler e compreender os sentidos do texto_**. São Paulo: Contexto, 2006.

______; SOUZA-E-SILVA, Maria Cecilia P. de. **_Linguística aplicada ao português_: morfologia**. São Paulo: Cortez, 2003.

______; TRAVAGLIA, Luiz C. **_A coerência textual_**. São Paulo: Contexto, 1990.

LAJOLO, Marisa. **_Do mundo da leitura para a leitura do mundo_**. 4. ed. São Paulo: Ática, 1999.

LEMLE, Miriam. **_Guia teórico do alfabetizador_**. 16. ed. rev. e atual. São Paulo: Ática, 2004.

LERNER, Délia. **_Ler e escrever na escola_**. Porto Alegre: Artmed, 2002.

MACHADO, Irene A. **_Literatura e redação_: os gêneros literários e a tradição oral**. São Paulo: Scipione, 1994.

MARCUSCHI, Luiz Antônio. **_Da fala para a escrita_: atividades de retextualização**. 8. ed. São Paulo: Cortez, 2007.

______. **_Produção textual, análise de gêneros e compreensão_**. São Paulo: Parábola Editorial, 2008.

______; DIONISIO, Ângela P. (Org.). **_Fala e escrita_**. Belo Horizonte: Autêntica, 2007.

MORAIS, Artur Gomes de. **_Ortografia_: ensinar e aprender**. 4. ed. São Paulo: Ática, 2000.

NEVES, Maria Helena de Moura. **_Gramática de usos do português_**. São Paulo: Ed. da Unesp, 2000.

______; KASSEB-GALVÃO, Vânia Cristina (Org.). **_Gramáticas contemporâneas do português_: com a palavra, os autores**. São Paulo: Parábola Editorial, 2014.

ROJO, Roxane (Org.). **_A prática da linguagem em sala de aula; praticando os PCN_**. São Paulo: Educ; Campinas: Mercado de Letras, 2000.

SCHNEUWLY, Bernard; DOLZ, Joaquim et al. **_Gêneros orais e escritos na escola_**. Tradução e organização de Roxane Rojo e Glaís Sales Cordeiro. Campinas: Mercado de Letras, 2004.

SMOLKA, Ana Luiza Bustamante. **_A criança na fase inicial da escrita_: a alfabetização como processo discursivo**. 8. ed. São Paulo: Cortez, 1999.

SOARES, Magda. **_Alfabetização_: a questão dos métodos**. São Paulo: Contexto, 2016.

______. **_Alfabetização e letramento_**. São Paulo: Contexto, 2003.

______. **_Letramento_: um tema em três gêneros**. 2. ed. Belo Horizonte: Autêntica, 2004.

SOLÉ, Isabel. **_Estratégias de leitura_**. Tradução de Cláudia Schilling. 6. ed. Porto Alegre: Artmed, 1998.

TEBEROSKY, Ana. **_Aprendendo a escrever_: perspectivas psicológicas e implicações educacionais**. Tradução de Cláudia Schilling. São Paulo: Ática, 2002.

TRAVAGLIA, Luiz Carlos. **_Gramática e interação_: uma proposta para o ensino de gramática no 1º e 2º graus**. 5. ed. São Paulo: Cortez, 1995.

VYGOTSKY, Lev S. **_Pensamento e linguagem_**. São Paulo: Martins Fontes, 1998.

WEISZ, Telma. As contribuições da psicogênese da língua escrita e algumas reflexões sobre a prática educativa da alfabetização. In: SÃO PAULO. Secretaria da Educação, CENP. **_Ciclo básico em jornada única_: uma nova concepção de trabalho pedagógico**. São Paulo: FDE, 1988. v. 1.